Geologie und Erdgeschichte im Stadtgebiet Goch

Geologie und Erdgeschichte

im Stadtgebiet Goch

Hendrik Mehrens

ISBN-10: 1974022528

ISBN-13: 978-1974022526

Inhaltsverzeichnis

Abbildungs- und Tabellenverzeichnis

* Alle in diesem Buch dargestellten Grafiken sind eigene Entwürfe. Die als Datenherkunft angegebenen Autoren sind u.U. nicht die Orginalquellen. In den entsprechenden Werken finden sich Hinweise auf die ursprüngliche Herkunft.

1. Einleitung

Das Stadtgebiet Goch liegt im Niederrheinischen Tiefland, einem jungen Senkungsgebiet im Nordwesten von Nordrhein-Westfalen. Die Entstehung der niederrheinischen Landschaft wurde vor allem durch die beiden Flüsse Rhein und Maas geprägt, die hier in der jüngeren geologischen Vergangenheit mächtige Flussablagerungen aufgeschottert haben. Die dadurch geschaffene reliefarme Landschaft wird allerdings modifiziert durch Höhenzüge aus Stauchmoränen, die die Gletscher der Saale-Kaltzeit hinterließen.

Goch liegt im Kreis Kleve. Abb. 1 zeigt eine Übersichtskarte von Goch und der näheren Umgebung. Das Stadtgebiet hat insgesamt eine Fläche von rund 115 km². Ein Großteil davon liegt in der Niersebene und bildet eine weitgehend ebene Landschaft ohne größere Höhenunterschiede. Lediglich nach Nordosten, in Richtung Kalkar, steigt das Gelände im Bereich der Gocher Heide allmählich an. Die Landschaft wird überwiegend geprägt von Wiesen und Weiden und zeigt das typische Landschaftsbild des Niederrheins. Größere zusammenhängende Waldflächen gibt es im Nordwesten an der Grenze zu Kranenburg und Kleve, wo die südlichen Areale des Reichswaldes auf Gocher Stadtgebiet reichen.

Als wichtigstes Fließgewässer durchquert die Niers das Stadtgebiet. Von Weeze kommend durchfließt sie in einem Mäanderbogen das Stadtzentrum und erreicht schließlich ganz im Westen des Stadtgebietes die niederländische Grenze, wo sie kurz danach unweit von Gennep in die Maas mündet.

Geologisch wird das Stadtgebiet Goch an seiner Oberfläche heute geprägt von sehr jungen Lockersedimenten. Dies sind überwiegend sandig-kiesige Flussablagerungen der letzten Kaltzeit, die dem Rhein-Maas-Stromsystem entstammen, und junge Auensedimente in kleinräumig wechselnder Zusammensetzung aus dem Holozän.

Im geologischen Zeitmaßstab handelt es sich dabei allerdings nur um eine Momentaufnahme. Der mächtige Stapel unterschiedlicher Sedimentgesteine, der sich über viele Millionen Jahre am Niederrhein abgesetzt hat, zeigt aber, dass die Region im Verlauf der Erdgeschichte eine wechselvolle Entwicklung durchlaufen hat. So gab es in den zurückliegenden Jahrmillionen Gebirge, warme und kühle Schelfmeere, Halbwüsten, Wüsten, tropische Regenwälder und kaltzeitliche Steppenlandschaften an der Stelle, wo sich heute die Stadt Goch befindet. Dies belegen die Ablagerungen im Untergrund, die eine Rekonstruktion der damaligen Umweltbedingungen ermöglichen.

Im Folgenden soll ein Überblick über die erdgeschichtliche Entwicklung und die aktuelle geologische Situation für Goch gegeben werden. Betrachtungsraum ist das Stadtgebiet in seinen heutigen Verwaltungsgrenzen, die Abb. 1 zeigt. Sinnvollerweise wird allerdings nicht nur Goch, sondern auch der regionale Rahmen, in diesem Fall der nördliche Niederrhein, in die geologische Betrachtung einbezogen.

Zwangsläufig muss ein solcher, bewusst knapp gehaltener Überblick manches vereinfachen und viele Details auslassen. Auf diese Weise ist es aber möglich, die wesentlichen geologischen Entwicklungslinien für Goch und das nähere Umland herauszustellen.

Die folgende Darstellung versucht, mit Fachbegriffen möglichst sparsam umzugehen und verwendet sie nur dort, wo ihre Benutzung aus Gründen der Eindeutigkeit erforderlich erscheint. Weiterführende Informationen, insbesondere ein Literaturverzeichnis, finden sich im Anhang. Dort werden in einem Glossar auch viele im Text verwendete Begriffe erläutert.

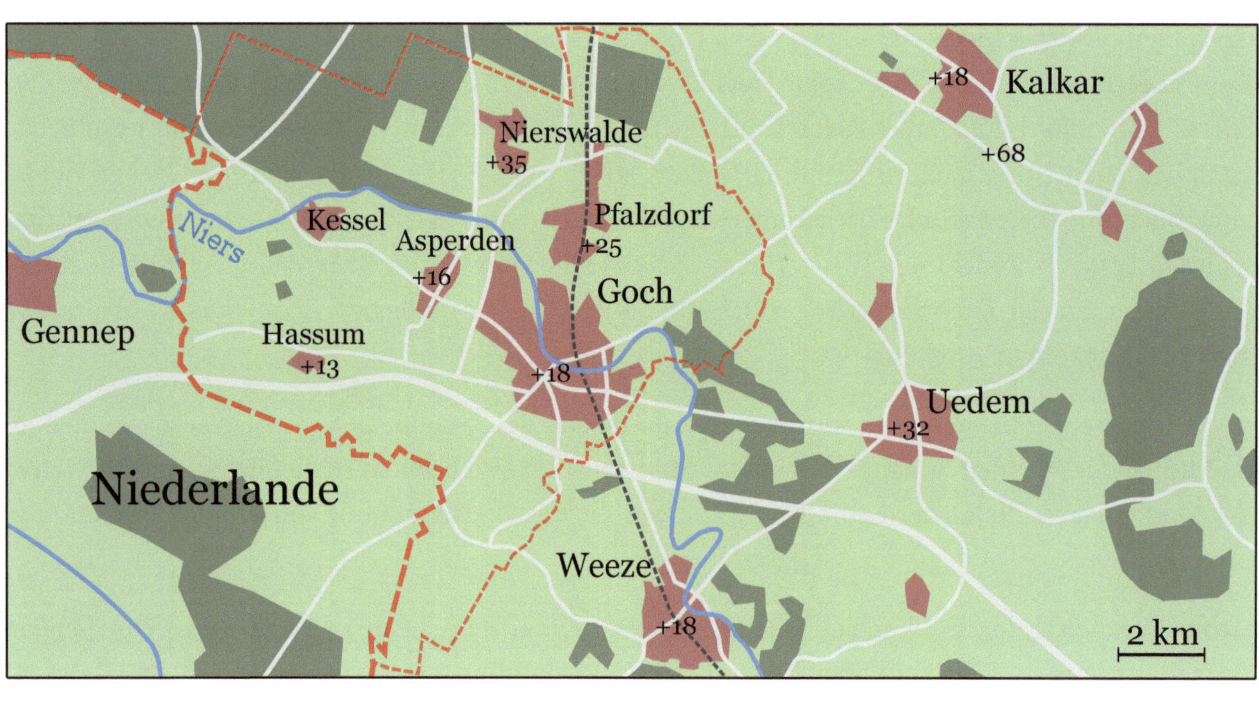

Landesgrenze   +18   Höhenangaben in m über NN

Stadtgrenze Goch

Abb. 1: Übersichtskarte von Goch und Umgebung

2. Erdgeschichtliche Entwicklung

Der Niederrhein ist ein junges Senkungsgebiet, dessen Oberfläche fast ausschließlich aus Lockersedimenten des Quartärs aufgebaut wird (Abb. 2). Permanente Gesteinsaufschlüsse, wie etwa in der Eifel und dem Bergischen Land, die einen Blick in die erdgeschichtliche Vergangenheit erlauben, gibt es hier nicht. Kenntnisse über den Untergrund liefern die Auswertungen verschiedener Tiefbohrungen, die in der Region niedergebracht wurden. Zudem können Untersuchungen aus den geologisch besser aufgeschlossenen Mittelgebirgen der näheren Umgebung Rückschlüsse auf die geologischen Verhältnisse im Untergrund der Niederrheinischen Bucht zulassen.

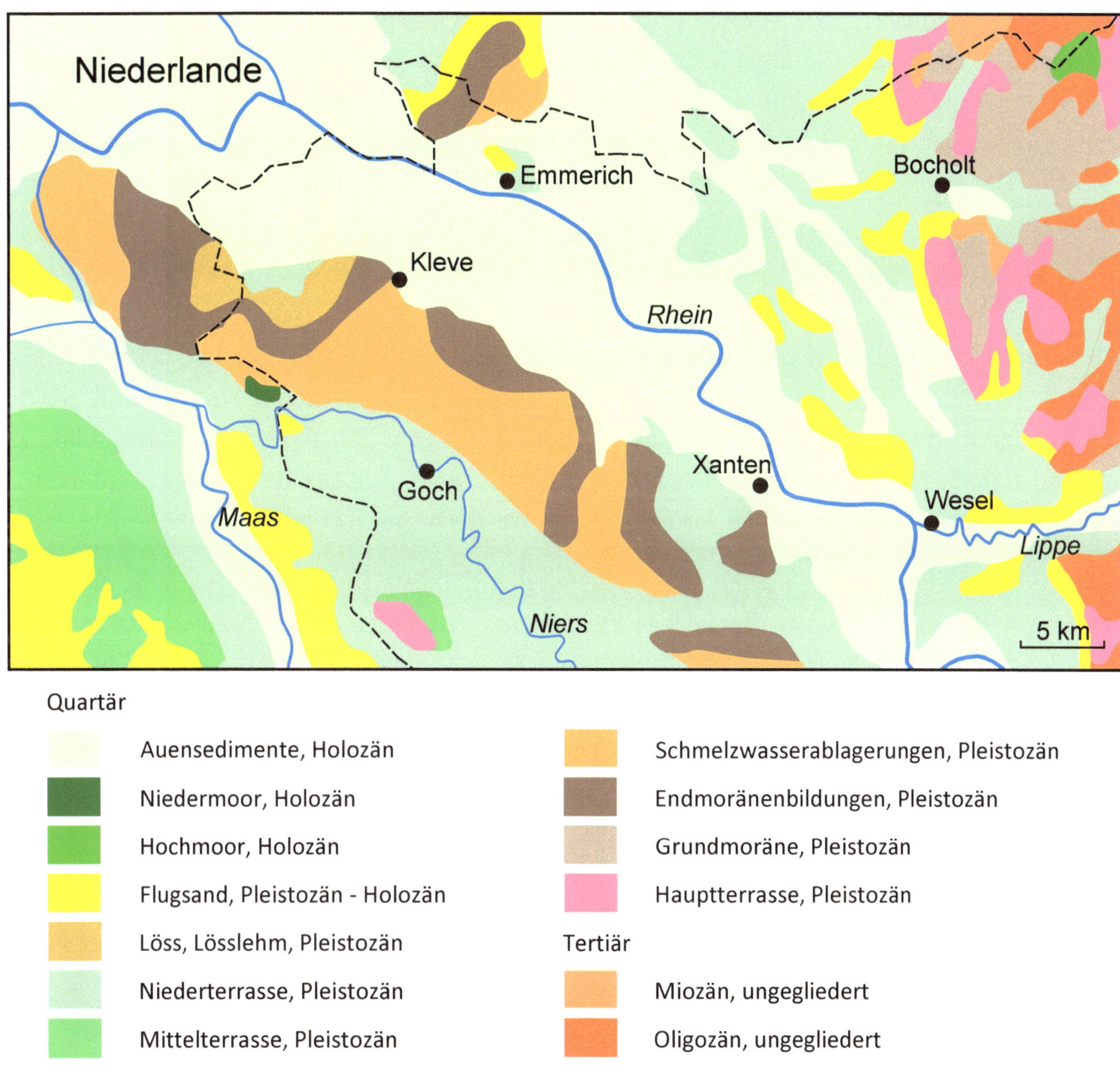

Abb. 2: Geologische Übersichtskarte für den nördlichen Niederrhein

Je weiter man sich auf der Zeitachse zurück in die Vergangenheit bewegt, um so lückenhafter sind normalerweise die Kenntnisse, die wir über die geologischen Verhältnisse jener Zeitabschnitte haben. Zwar gibt es auch über die Frühphase des Paläozoikums mittlerweile recht genaue Vorstellungen, ein deutliches Bild zeichnet sich aber erst ab dem Devon ab. Daher beginnt der folgende erdgeschichtliche Überblick für Goch und sein näheres Umland mit dem Zeitalter des Devons.

Wenn man eine solche geologische Zeitreise beginnt, muss man sich klar machen, dass die Kontinente in ihrer Lage nicht fix sind, sondern durch Prozesse der Plattentektonik ihre Position im Lauf der Erdgeschichte permanent verändert haben und dies auch zukünftig machen werden. So lag etwa der heutige Raum Goch im Paläozoikum zunächst auf der Südhalbkugel und wanderte dann über den Äquator nach Norden. Dies hatte natürlich entsprechende Auswirkungen auf das herrschende Klima. Die Land-Meer-Verteilung wurde nicht nur durch die sich ständig verändernde Lage der Kontinente beeinflusst, sondern auch durch wechselnde Überflutungen der Kontinentalränder, die von flachen Schelfmeeren bedeckt wurden. So erklärt sich, dass viele der heute im Untergrund des Gocher Stadtgebietes anzutreffenden Sedimente mariner Entstehung sind.

2.1 Devon

Während des Devons gehörte der Niederrhein größtenteils einem Meeresbecken an, das im Norden an ein kontinentales Hochgebiet grenzte (Abb. 3). Diese Landmasse, die als Laurussia oder Old-Red-Kontinent bezeichnet wird, war zuvor im Rahmen der Kaledonischen Gebirgsbildung entstanden und umfasste weite Teile des heutigen Nordeuropas. Ein Ausläufer dieses Kontinentes, der als Brabanter Massiv bezeichnet wird, reichte im Westen bis nach Belgien.

Im Unterdevon lag das heutige Stadtgebiet Goch an der Südküste Laurussias. Hier hatte sich eine große, von Seen und Flüssen durchsetzte Deltaebene gebildet. Für den Niederrhein sind im Unterdevon limnische, brackische und flachmarine Ablagerungsbedingungen kennzeichnend. Ab dem Mitteldevon erweiterte sich der Meeresraum dann beträchtlich nach Norden. Es entstanden dabei eindeutig marine Verhältnisse, auch wenn einzelne Inseln immer noch aus dem Devon-Meer ragten. Da Mitteleuropa während des Devons südlich des Äquators lag und tropische Klimabedingungen herrschten, siedelten im Flachwasserbereich Korallen und Stromatoporen, die mit ihren Kalkskeletten große Riffkörper aufbauten. Kennzeichnend für die devonischen Riffbauten ist, dass sie nicht so sehr in die Höhe, sondern vor allem in die Breite wuchsen. Solche flächigen Wuchsformen von Riffen werden als Biostrome bezeichnet.

Devon
- Goch liegt an der Südküste des Old-Red-Kontinentes
- im Mitteldevon breitet sich ein tropisches Flachmeer mit Riffen aus
- Meeresrückzug im Oberdevon

Im Oberdevon starben die Riffe schließlich ab. Zeitweilig erreichten den Niederrhein mächtige Sandschüttungen, die als Strandablagerungen gedeutet werden. Sie belegen einen temporären Meeresrückzug.

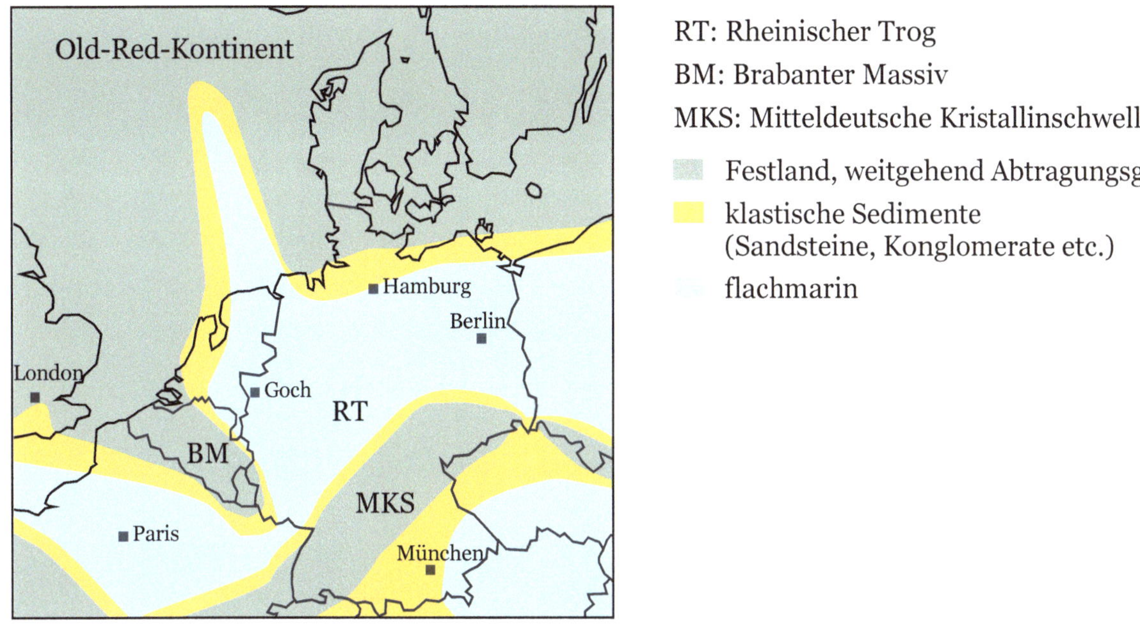

Abb. 3: Paläogeographie Mitteleuropas im Mitteldevon

2.2 Karbon

Das Karbon ist geprägt durch die Hauptphase der Variszischen Gebirgsbildung. Der Nordkontinent Laurussia kollidierte dabei mit Gondwana und einigen Gondwana vorgelagerten Mikroplatten, so dass schließlich der Superkontinent Pangäa entstand, der alle bedeutenden Landmassen der Erde vereinte. Goch und der Niederrhein befanden sich zu dieser Zeit dicht an der Kollisionsnaht beider Kontinentblöcke.

Im Unterkarbon lag das Gebiet des heutigen Niederrheins zunächst weiterhin vor der Südküste Laurussias. In einem Meeresbereich, der als Rhenoherzynisches Becken bezeichnet wird, kamen am mittleren und südlichen Niederrhein fossilhaltige Kalke zur Ablagerung, die überregional als Kohlenkalk bezeichnet werden, wobei die Bezeichnung Kohlenkalk etwas unglücklich ist, da dieses Gestein gar keine Kohle enthält.

Im Oberkarbon führte der Kollisionskurs von Laurussia und Gondwana dazu, dass sich der zwischen beiden Landmassen liegende Meeresraum kontinuierlich verkleinerte. Es entstand schließlich eine Vortiefe, also ein sich absenkendes Becken, das mit Sedimenten des aufsteigenden Gebirges gefüllt wurde. Absenkung und Sedimenteintrag hielten sich lange Zeit die Waage, so dass eine flache Küstenebene entstand, die von Flüssen und Seen durchsetzt war und in die das Meer gelegentlich, im Verlauf des Oberkarbons aber immer seltener vorstieß.

Da die Kollisionszone beider Kontinente während des Karbons in Äquatornähe lag, herrschten dort tropische Klimaverhältnisse, unter denen ausgedehnte Moore und Sumpfgebiete mit dichter Vegetation entstanden. Der organische Inhalt dieser Feuchtgebiete konnte wegen der hohen Grundwasserstände nicht komplett abgebaut werden und wurde später durch Prozesse der Diagenese zu den Steinkohlenflözen des Karbons umgewandelt.

Am Ende des Oberkarbons, als die Kollisionsbewegung ihren Höhepunkt erreichte, wurde der Inhalt des Beckens mit seiner mächtigen Abfolge aus klastischen Sedimenten und den eingeschalteten Kohlenflözen zusammengeschoben, in Falten gelegt und als Gebirge herausgehoben. Die nachfolgende Erosion führte jedoch relativ schnell zur weitgehenden Abtragung des Gebirges, so dass in der Folgezeit schon ab dem Perm jüngere, ungefaltete Sedimente die eingeebnete Karbon-Oberfläche überlagern konnten.

Karbon
- Ausbildung einer Küstenebene, die gelegentlich vom Meer überflutet wird
- im Raum Goch entstehen wie im Ruhrgebiet Kohlenflöze aus den organischen Überresten von Pflanzen, die ausgedehnte Moor- und Sumpfgebiete besiedeln
- Höhepunkt der Variszischen Gebirgsbildung

Im Stadtzentrum von Goch müsste man heute mehr als 1200 m in die Tiefe bohren, um die oberste Karbon-Schicht zu erreichen. Je weiter man sich in den Nordwesten des Gocher Stadtgebietes bewegt, um so tiefer müsste eine Bohrung gehen, um auf das Karbon zu treffen. Grund dafür ist eine generelle Nordwest-Neigung der heutigen Karbon-Oberfläche. Das bedeutet, dass die Mächtigkeit der überlagernden Schichten, die als Deckgebirge bezeichnet werden, zunimmt, je weiter man sich von Südosten nach Nordwesten bewegt. Die aus dem Ruhrgebiet bekannten Kohlenflöze, die dort teilweise an der Oberfläche liegen, sind prinzipiell auch im Untergrund von Goch zu erwarten, allerdings ist ein Teil der ursprünglichen Schichten bereits abgetragen.

2.3 Perm

Die Variszische Gebirgsbildung hatte am Ende des Karbons zu einer Vereinigung aller bedeutenden Kontinente der Erde geführt. Entstanden war damit der Großkontinent Pangäa. Mitteleuropa, das sich im Perm etwas nördlich des Äquators befand, lag im Inneren dieser großen Landmasse. Feuchtigkeit, die die Luft über den Ozeanen aufnahm, erreichte das Landesinnere kaum. So entstand fernab der Küsten ein kontinentales und wüstenartiges Klima. Als typische Ablagerungen solcher Klimaverhältnisse auf dem Festland gelten klastische, fossilarme Sedimente, die aufgrund ihres Eisengehaltes oft eine rote Färbung aufweisen.

Das Perm im mitteleuropäischen Raum wird unterteilt in die Rotliegend- und Zechstein-Stufe. Im Rotliegend entstanden oftmals rotgefärbte Sandsteine und Konglomerate. Auch am Niederrhein gibt es Hinweise auf solche Sedimente. Sie wurden aus südlicher Richtung antransportiert, wo die variszisch gebildeten Hochgebiete der Verwitterung und Abtragung ausgesetzt waren. Die Verbreitung von Rotliegend-Sedimenten am Niederrhein ist allerdings gering. Im Untergrund des Gocher Stadtgebietes sind möglicherweise an einigen Stellen Ablagerungen in Form eines Konglomerates erhalten geblieben.

Im Perm war mit dem Zentraleuropäischen Becken ein großer Senkungsraum im nördlichen Mitteleuropa entstanden. Im Zechstein stellten sich dort flachmarine Bedingungen ein. Von dort aus erreichte das Meer über die tektonische Senkungszone der Niederrhein-Ems-Senke auch den nordöstlichen Niederrhein und bildete dort ein flaches Randmeer.

Perm
- in Mitteleuropa herrscht ein trockenes, wüstenartiges Klima
- das Variszische Gebirge wird unter diesen Klimabedingungen schnell eingeebnet
- Goch liegt in einem kontinentalen Becken
- Rotliegend-Sedimente stammen aus der Abtragung südlicher Hochgebiete
- im Zechstein befindet sich östlich von Goch eine Lagune, in der es bei hohen Verdunstungsraten zur Ausfällung von Salzgesteinen kommt

Die vorherrschenden hohen Temperaturen führten zu einer starken Verdunstung. Da wiederholt die Wasserzufuhr in das niederrheinische Randmeer durch eine Schwelle nördlich von Bocholt unterbunden wurde, entwickelte sich eine übersalzene Lagune, in der es zur Ausscheidung von Salzgesteinen kam.

Im Beckenzentrum, das zwischen Xanten und Bocholt lag, entstanden zyklische Abfolgen von Eindampfungsgesteinen, die unter anderem aus Lagen von Kalk- und Dolomitstein, Anhydrit, Stein- und Kalisalz aufgebaut werden. Das Stadtgebiet Goch befand sich außerhalb des Beckenzentrums am Westrand der Lagune. Mächtige Eindampfungszyklen finden sich hier nicht mehr. Vielmehr lässt sich in Richtung auf den Beckenrand am westlichen Niederrhein erkennen, dass die Sedimentfolge wesentlich geringmächtiger und unvollständiger wird. Die Salzausscheidungen werden hier von tonig-sandigen Sedimenten abgelöst.

2.4 Trias

Im zentralen Europa bestand weiterhin ein großer, in mehrere Teilbecken gegliederter Sedimentationsraum, der in der Trias als Germanisches Becken bezeichnet wird. Die Trias des Germanischen Beckens unterteilt sich in die Stufen Buntsandstein, Muschelkalk und Keuper. Das eher kontinental geprägte Becken nahm eine andere Entwicklung als das offene Meer der Tethys, die sich südlich an den mitteleuropäischen Raum anschloss. Allerdings erreichten einzelne Meeresvorstöße aus der Tethys während der Trias wiederholt auch das Germanische Becken. Goch und der Niederrhein gehörten zu einem Teilbereich, der als Norddeutsches Becken bezeichnet wird (Abb. 4).

Zur Zeit des Buntsandsteins lag der Niederrhein am Westrand des Beckens. Unter trockenwarmen, überwiegend wüstenartigen Klimabedingungen bildeten sich vorwiegend terrestrische, gelegentlich aber auch flachmarine Ablagerungen. Im Untergrund von Goch finden sich zwischen 100 und rund 500 m mächtige Schichten aus dem Buntsandstein.

Trias

- im Buntsandstein liegt Goch in einem wüstenartigen Gebiet, das manchmal von heftigen Regenereignissen mit starken Überschwemmungen erreicht wird
- zur Zeit des Muschelkalks bedeckt Goch und den Niederrhein ein warmes Schelfmeer mit wechselnder Verbindungen zum offenen Ozean im Süden
- im Keuper stellt sich eine flache Landschaft ein, die von Flüssen und Seen durchsetzt ist und in die am Ende des Keupers das Meer wieder vorstößt

Sandige Schüttungen aus dem Süden erreichten im Unteren und Mittleren Buntsandstein den Niederrhein. Sie wurden von periodisch wasserführenden Flüssen und nach gelegentlichen Starkregen-Ereignissen antransportiert. Nach Norden hin werden die Ablagerungen feinkörniger. Im Oberen Buntsandstein wurden generell feinkörnigere Sedimente abgelagert, weil die den Niederrhein umgebende Landschaft, von der die Sedimente stammten, weitgehend eingeebnet war. Daneben gibt es salinare Bildungen, die durch Ausfällung in einem übersalzenen Flachmeer entstanden.

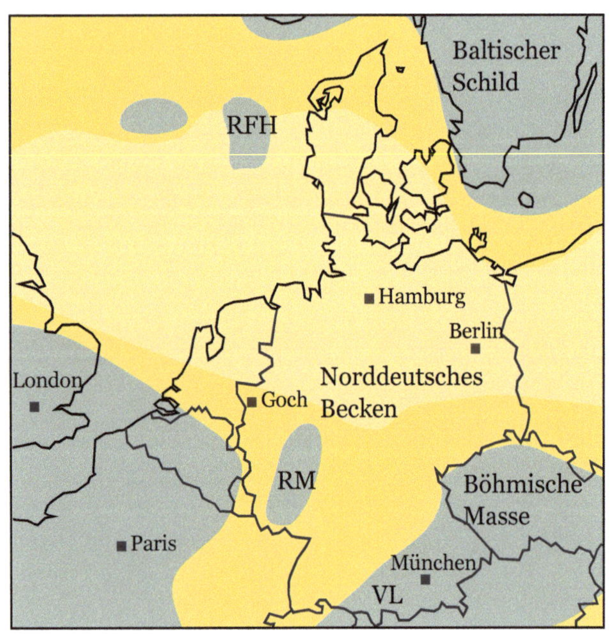

RFH: Ringköbing-Fünen-Hoch
VL: Vindelizisches Land
RM: Rheinische Masse

Festland, weitgehend Abtragungsgebiet
klastische Sedimente (überwiegend fluviatil)
limnische Sedimente

Abb. 4: Paläogeographie Mitteleuropas im Buntsandstein

Die Muschelkalk-Zeit war in Mitteleuropa geprägt durch flachmarine Verhältnisse im Germanischen Becken. Das Meer nahm weite Teile Deutschlands und Polens ein und stand an seinem Südrand über schmale Meeresarme mit dem offenen Ozean der Tethys in Verbindung.

Ablagerungen des Unteren und Oberen Muschelkalks sind insbesondere flachmarine, karbonatreiche Sedimente. Dagegen wurde im Mittleren Muschelkalk zeitweilig die Verbindung des Germanischen Beckens zum Weltmeer unterbrochen. Der fehlende Wasseraustausch führte im Becken zur Eindampfung des Meereswassers und zur Entstehung von Evaporiten. Die Muschelkalk-Zeit ist am Niederrhein durch flachmarine, teilweise auch salinare Bedingungen gekennzeichnet. Aus Goch sind keine Ablagerungen des Muschelkalks bekannt.

Ablagerungen des folgenden Keupers sind am Niederrhein nur lückenhaft vorhanden. Während des Unteren Keupers zog sich das Meer zurück und in der flachen, reliefarmen Landschaft entstanden limnisch-fluviatile Sedimente. Im Mittleren Keuper gab es einen erneuten, kurzzeitigen Meeresvorstoß in das Germanische Becken. Neben Gips und Steinsalz kamen Tonsteine, Mergel und Sandsteine zum Absatz. Im Oberen Keuper entstanden zunächst festländische Ablagerung, in Annäherung an die Jura-Grenze stellten sich jedoch wieder marine Verhältnisse ein. Der Niederrhein geriet größtenteils unter den Meeresspiegel. Sedimente aus dem Keuper sind in Goch nicht mehr vorhanden oder wegen ihrer geringen Mächtigkeit noch nicht nachgewiesen worden.

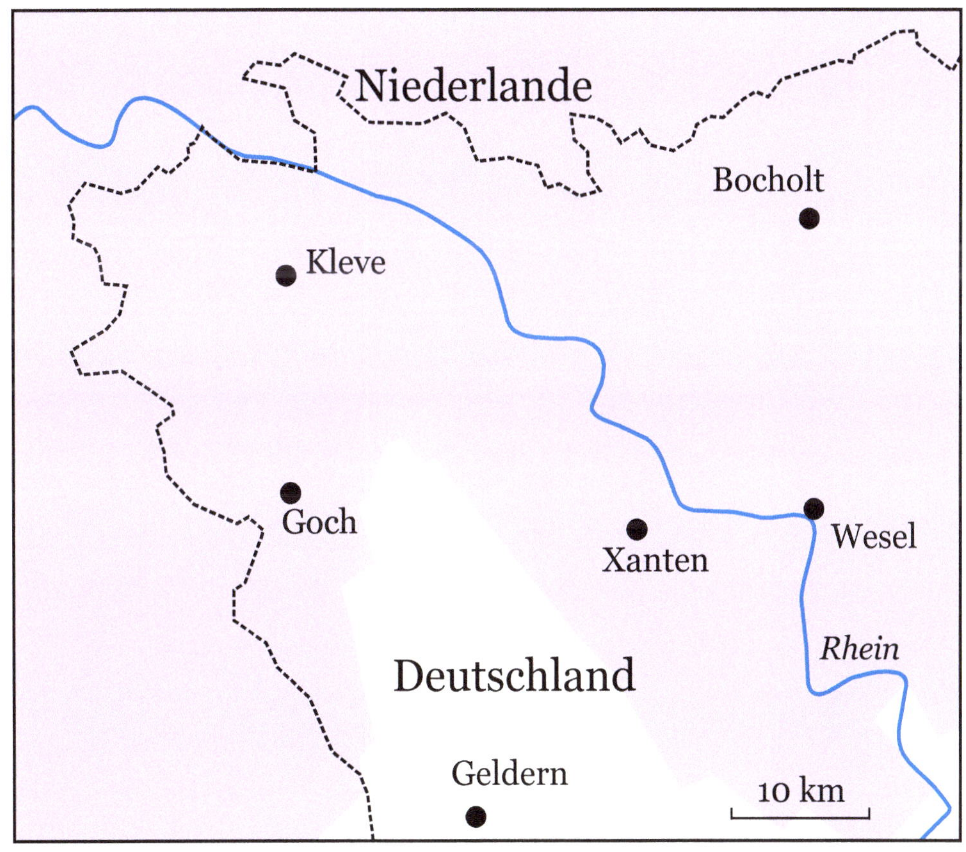

Abb. 5: Verbreitung der Trias im Untergrund des nördlichen Niederrheins

2.5 Jura

Mit dem Jura begann ein Zeitabschnitt, der im Mitteleuropa eindeutig marin geprägt war. Auch Goch und der Niederrhein wurden im Unter- und Mitteljura von Meeressedimenten bedeckt. Diese Ablagerungen sind in der Folgezeit durch Erosion allerdings weitgehend abgetragen worden. Denkbar ist jedoch, dass Reste der marinen Jura-Schichten im Stadtgebiet Goch erhalten geblieben sind.

Abb. 6 zeigt die Paläogeographie Mitteleuropas während des Unterjuras. Das Norddeutsche Becken bestand weiterhin und wurde von einem Meer eingenommen, das teilweise schlecht durchlüftet war. Erkennbar ist, dass Goch unweit der Rheinischen Masse lag, die nur randlich vom Meer überflutet wurde.

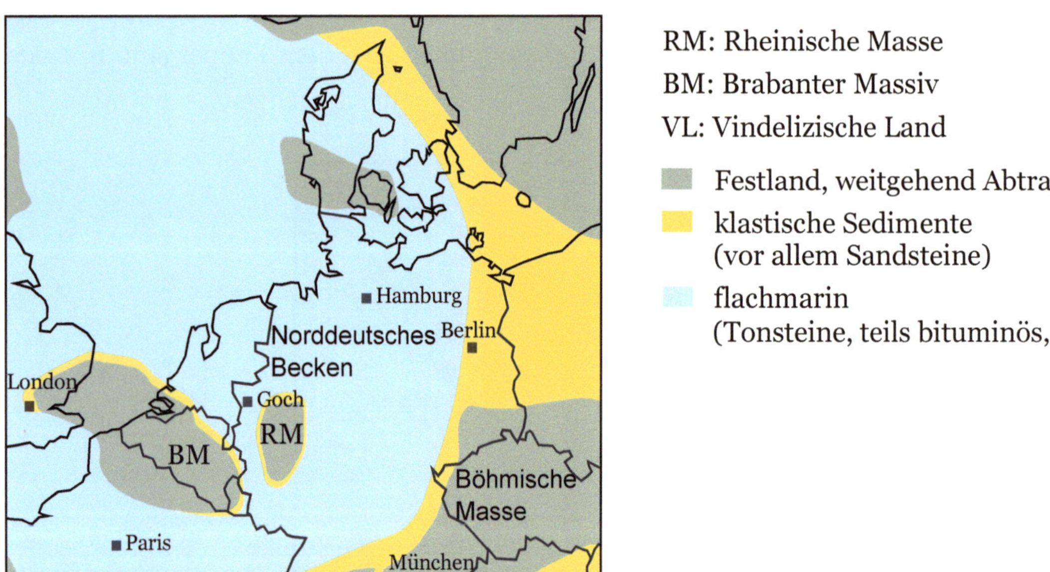

Abb. 6: Paläogeographie Mitteleuropas im Unterjura

Im Oberjura wurde der mitteleuropäische Meeresraum durch eine Landmasse in ein nördliches und ein südliches Becken geteilt. Der Niederrhein gehörte dieser Landbrücke an, die sich von Südost-England bis nach Böhmen erstreckte. Die Erosion überwog, Sedimente entstanden am Niederrhein daher kaum. Auch aus Goch sind keine Ablagerungen aus dem Oberjura bekannt.

> **Jura**
> - im Unter- und Mitteljura bedeckt ein warmes Flachmeer den Raum Goch
> - im Oberjura liegt Goch auf einer Festlandsbrücke, die sich von England bis nach Böhmen erstreckt und das mitteleuropäische Jura-Meer in ein nördliches und ein südliches Becken unterteilt

2.6 Kreide

In der Unterkreide waren große Teile Deutschlands weitgehend Festland. Sedimente aus dieser Zeit finden sich lediglich am nordöstlichen Rand des Niederrheins. Einen kurzen Meeresvorstoß, der über das westliche Münsterland kommend auch bis in das Gebiet von Goch gereicht haben könnte, gab es im erdgeschichtlichen Zeitabschnitt des Hauterives.

An der Wende zur Oberkreide wurden dann große Bereiche Mitteleuropas von einem Flachmeer überflutet, auch wenn einzelne Landflächen aus dem Wasser ragten. Der Niederrhein lag im Randbereich des kreidezeitlichen Meeres (Abb. 7). Im Raum Goch kam es zur Ablagerung sandig-karbonatischer Sedimente, die in einem küstennahen und warmen Flachmeer entstanden. Die Gesamtmächtigkeit der Oberkreide-Sedimente im Stadtgebiet schwankt dabei. Sie kann bis weit über 200 m erreichen.

Südlich von Goch verblieb eine Fläche, die zur Zeit der Oberkreide nicht permanent überflutet war. Dieses alte Hochgebiet, das als Krefelder Gewölbe bezeichnet wird, bestand schon während des Karbons. Bereits während der Variszischen Gebirgsbildung setzte das Krefelder Gewölbe der tektonischen Beanspruchung einen Widerstand entgegen, so dass dadurch Faltungsintensität und Faltenverlauf der Karbon-Schichten rund um den starren Block des Krefelder Gewölbes beeinflusst wurden.

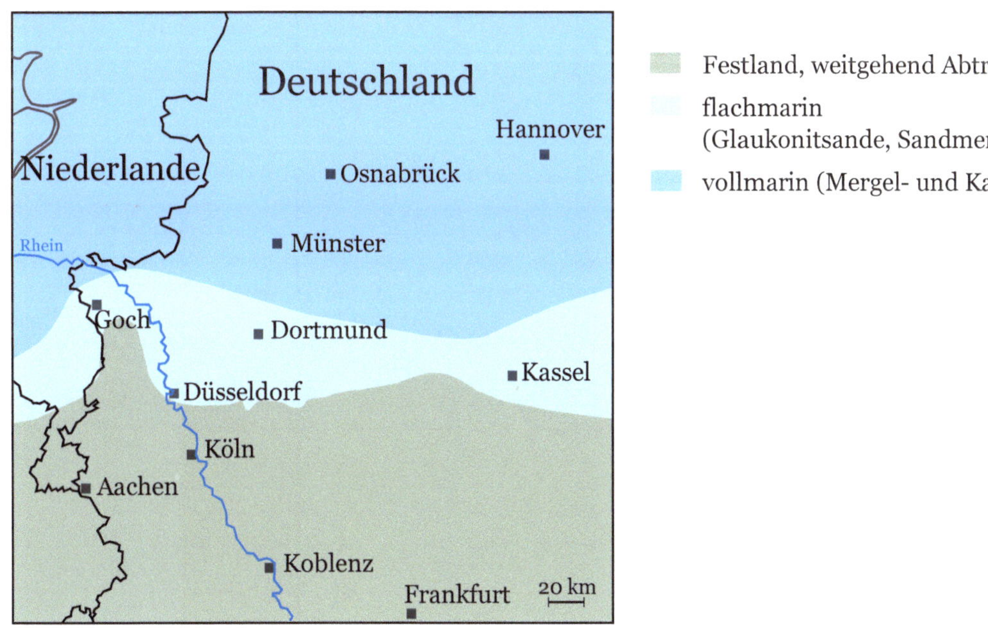

Abb. 7: Paläogeographie in der Oberkreide

Kreide

- in der Unterkreide liegt Goch in einer flachen Landschaft, die nur wenig über den Meeresspiegel ragt

- ein kurzer Meeresvorstoß reicht im Hauterive über das westliche Münsterland bis an den Niederrhein

- mit der Oberkreide kehrt das Meer nach Goch zurück

- südlich von Goch verbleibt ein Landsporn, der nicht permanent unter dem Meeresspiegel liegt und daher nur eine lückenhafte Bedeckung mit kreidezeitlichen Sedimenten trägt

Abb. 8 zeigt die heutige Verbreitung von Sedimenten aus der Kreide im Untergrund des nördlichen Niederrheins. Man sieht, dass das Verbreitungsgebiet der kreidezeitlichen Ablagerungen von Westen her bis in den Raum Goch reicht. Weitere Kreide-Vorkommen finden sich östlich und südlich von Wesel. Sie entstammen einem anderen Teil des Kreide-Meeres und stellen Ausläufer der Westfälischen Kreide dar, die heute im Münsterland an oder nahe an der Oberfläche liegt.

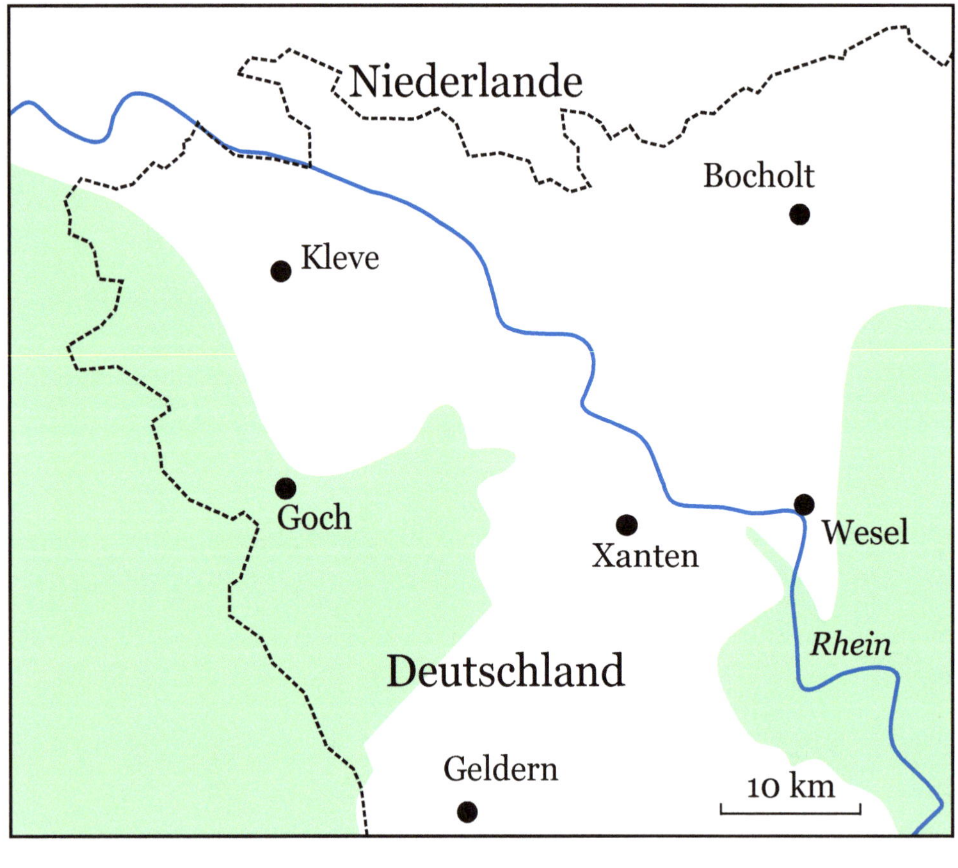

Abb. 8: Verbreitung der Kreide im Untergrund des nördlichen Niederrheins

2.7 Tertiär

Während des Tertiärs, das sich in die Serien Paleozän, Eozän, Oligozän, Miozän und Pliozän gliedert, wurde der Niederrhein zu einem tektonischen Senkungsgebiet. Dies ermöglichte der Nordsee, mehrfach in das Gebiet vorzustoßen (Abb. 9).

Bis in das Oligozän herrschten tropische Verhältnisse. Die Bereiche, die außerhalb der Meeresüberflutungen lagen, wurden durch intensive chemische Verwitterung zu reliefarmen Flachlandschaften umgeformt. Flüsse schlängelten sich mit geringem Gefälle durch die weiten Ebenen und transportierten die bei der Verwitterung gelösten Stoffe fort.

Nach einem Meeresrückzug im Verlauf des Paleozäns und einer festländischen Phase im Eozän, ereignete sich der größte Meeresvorstoß im Oligozän, als die Absenkung des Niederrheins besonders stark war. Nach einem Meeresrückzug im frühen Miozän erfolgten weitere Meeresvorstöße im höheren Miozän und letztmalig im Pliozän. Die Küste des pliozänen Meeres lag etwas südlich von Goch.

Abb. 10 zeigt die Paläogeographie im Miozän für einem Teil von Nordwestdeutschland. Die Kontur der Niederrheinischen Bucht ist gegen das umliegende Festland gut zu erkennen.

Die tertiärzeitlichen Lockersedimente am Niederrhein, die auch im Untergrund des Gocher Stadtgebietes anzutreffen sind, bestehen insbesondere aus marinen Sanden und Tonen. In den sandigen Lagen tritt oftmals ein erkennbarer Glimmer- und Glaukonitanteil auf. Auch sind die Schichten häufig reich an fossilen Muschelresten.

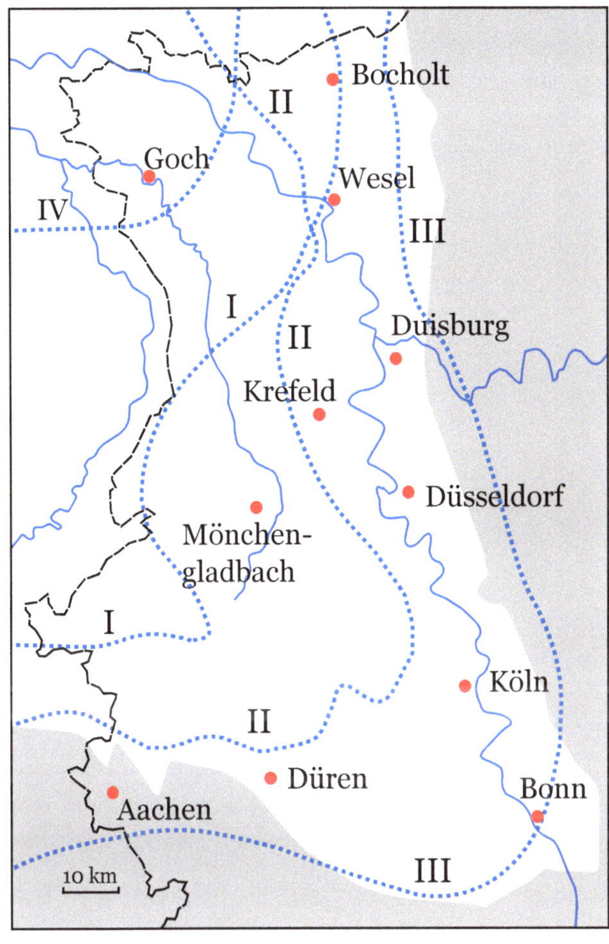

----- Küstenverlauf

I Paleozän
II Untermiozän
III Oberoligozän
IV Pliozän

Umrahmung
der Niederrheinischen Bucht

Abb. 9: Küstenverlauf im Tertiär

Tertiär

- Beginn der tektonischen Bewegungen, die zum Einsinken der Niederrheinischen Bucht führen
- infolge der tektonischen Absenkung kann die Nordsee mehrfach über Goch hinaus bis an den südlichen Niederrhein vorstoßen
- es kommen in Goch tonige bis sandige Meeressedimente zur Ablagerung
- gegen Ende des Tertiärs kommt es zu einer deutlichen Abkühlung des Klimas

Die Gesamtmächtigkeit der Ablagerungen, die die tertiärzeitlichen Meeresvorstöße hinterlassen haben, beträgt im Raum Goch rund 700 m. Sie erreichen nirgendwo die Oberfläche, da sie stets von einer dünnen Lage quartärzeitlicher Sedimente bedeckt werden.

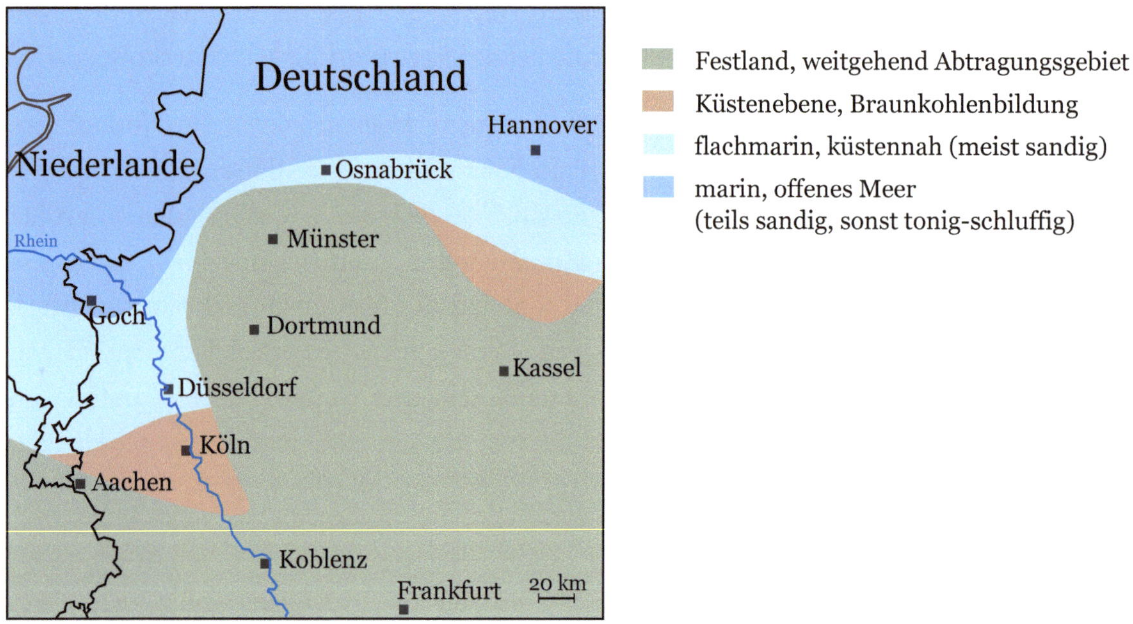

Abb. 10: Paläogeographie im Miozän

2.8 Quartär

An der Oberfläche des Gocher Stadtgebietes finden sich heute ausschließlich quartärzeitliche Sedimente, deren Mächtigkeit meistens so zwischen 10 und 15 m schwankt. Das Quartär, das unterteilt wird in Pleistozän und Holozän, ist geprägt von Klimaschwankungen, die mehrfach zu einer Vereisung großer Teile Nordeuropas führten. Diese Klimaschwankungen, die bereits im ausgehenden Tertiär begannen, haben ihre Ursache in der Überlagerung zyklischer Änderungen der Erdbahnparameter. In mindestens drei Kaltzeiten, die als Elster-, Saale- und Weichsel-Kaltzeit bezeichnet werden, erreichten die Gletscher von Skandinavien kommend Mitteleuropa. Zwischen diese Vereisungsphasen schalteten sich jeweils Warmzeiten ein. Die bisher letzte und aktuelle Warmzeit ist das Holozän.

Während der Elster- und Weichsel-Kaltzeit blieb der Niederrhein eisfrei. Im Vorfeld der Gletscher herrschte ein Periglazialklima, das durch große Kälte und Trockenheit gekennzeichnet war. In der Saale-Kaltzeit, als das Inlandeis am weitesten nach Südwesten vorstieß, erreichten die Gletscher den Niederrhein und stoppten erst wenige Kilometer östlich von Goch (Abb. 11). Die Endmoränenzüge, die vom Uedemer Hochwald und dem Tüschenwald eingenommen werden, markieren diesen maximalen Ausbreitungsstand des saalezeitlichen Inlandeises. Der Rhein wurde durch die vorrückenden Eismassen umgelenkt und floss über Neuss und Geldern in den Raum Goch und von dort weiter nach Nordwesten.

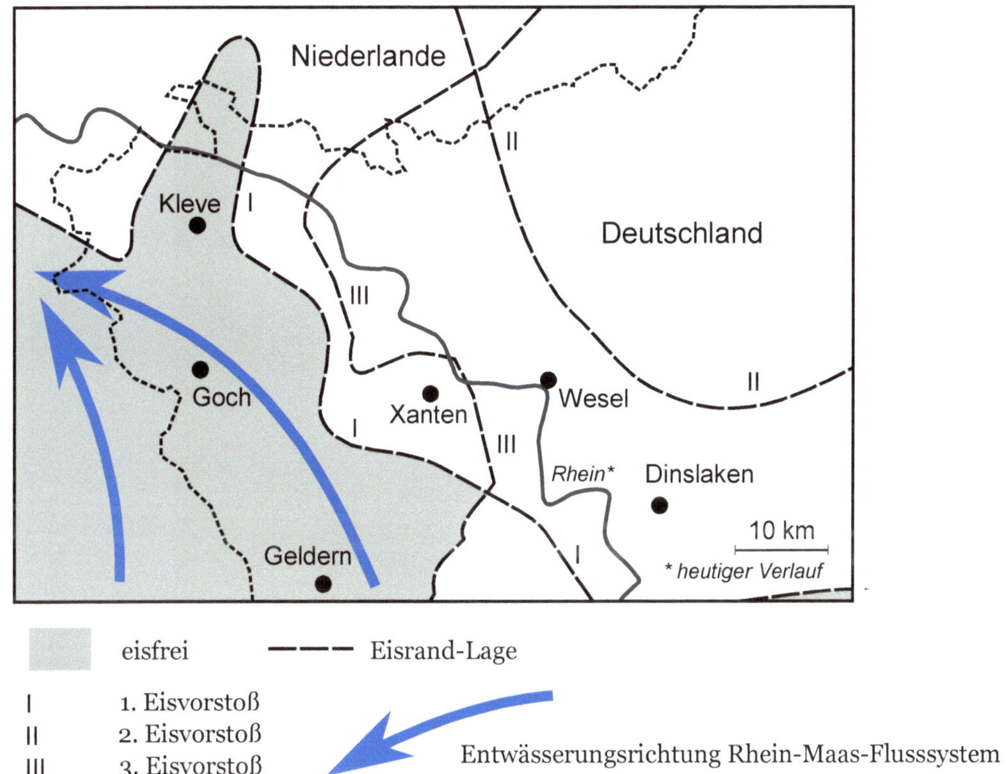

Abb. 11: Vereisungsgrenzen der saalezeitlichen Eisvorstöße

In den Kaltzeiten führten die Flüsse während der frühsommerlichen Schneeschmelze sehr viel Wasser und verfrachteten dabei große Mengen an Sediment. Das kaltzeitliche Klima führte zu einer starken physikalischen Verwitterung und lieferte somit das erforderliche Lockermaterial. Im Herbst und Winter kam die Wasserführung dagegen weitgehend zum Erliegen. Unter solchen Bedingungen entstanden in die Breite wachsende Stromsysteme aus zahlreichen, sich oft verlagernden Flussrinnen und flachen Inseln, die man als verwilderte Flusssysteme und die dabei abgelagerten Sedimente als Terrassen bezeichnet. Als kaltzeitliche Flussablagerungen sind Terrassen des Rhein-Maas-Stromsystems am Niederrhein weit verbreitet. Sie stellen dort die größte Menge der quartärzeitlichen Sedimente. So nimmt die weichselzeitliche Niederterrasse in Oberflächennähe heute einen Großteil des Gocher Stadtgebietes ein. Dabei tritt sie meistens nicht unmittelbar zutage, sondern wird von einer dünnen Schicht aus spätglazialen Hochflutablagerungen oder von äolischen Sedimenten überdeckt.

Neben den Flussterrassen sind Löss und Flugsand weitere typische Hinterlassenschaften der Kaltzeiten. In den glazialen Kältewüsten fehlte eine geschlossene Pflanzendecke, so dass der Wind große Mengen an Lockersedimenten aufnehmen, verfrachten und als Löss oder Flugsand wieder absetzen konnte. Löss besteht überwiegend aus Schluff und ist daher feinkörniger als Flugsand. Löss und Flugsand überlagern oftmals als dünner Sedimentschleier die Geländeoberfläche. Aus Lössablagerungen entwickeln sich fruchtbare Böden, so dass Gebiete mit Lössbedeckung bevorzugte Rodungs- und Siedlungsgebiete darstellten. Bis heute stellen sie intensiv landwirtschaftlich genutzte Räume dar, in denen vorwiegend Ackerbau betrieben wird.

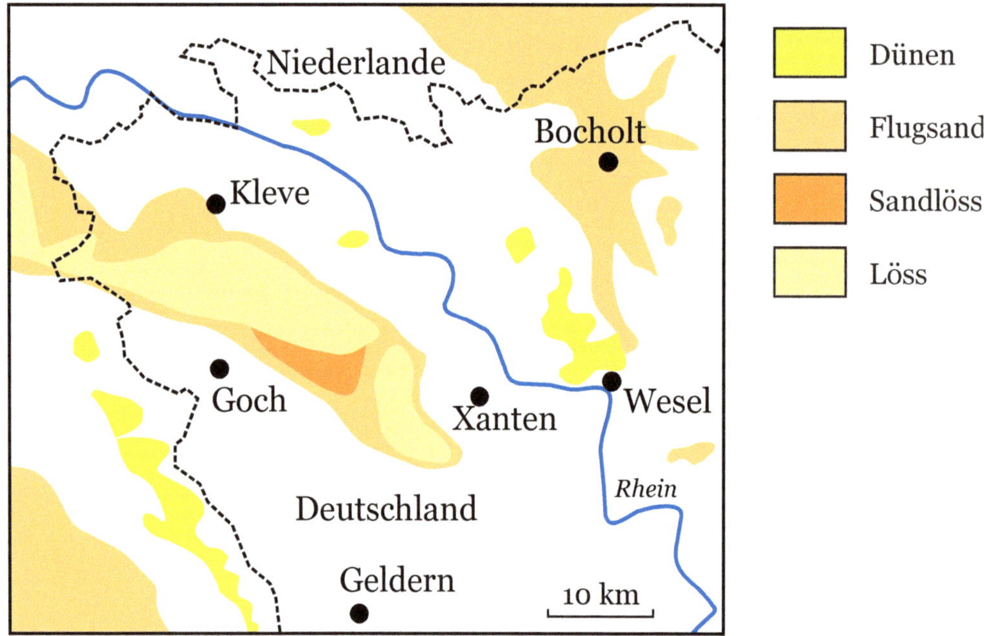

Abb. 12: Verbreitung äolischer Sedimente am nördlichen Niederrhein

In der Gocher Heide (Abb. 14), die sich über den Nordosten des Gocher Stadtgebietes erstreckt, finden sich ausgedehnte Flächen mit Löss und Flugsand. Sie überlagern eine Schmelzwasserebene, die sich im Vorfeld der saalezeitlichen Gletscher ausbildete, wo Schmelzwasserflüsse aus den Gletschern austraten und ihre Sedimentfracht fächerartig vor der Gletscherfront ablagerten.

Innerhalb der quartärzeitlichen Sedimente dominieren Bildungen der Kaltzeiten. Dagegen sind warmzeitliche Ablagerungen sehr selten und auf kleinräumige Vorkommen beschränkt. Bei ihnen handelt es sich in der Regel um feinkörnige, oft humose Bildungen, die in verlandenden Seen oder Altarmen entstanden.

In den Warmzeiten des Quartärs entwickelte sich ein Klima, das dem heutigen vergleichbar war. Dabei kam es jeweils zur Wiederbewaldung des Niederrheins und es setzte erneut Bodenbildung ein. Der Abfluss der Flüsse war gleichmäßiger als in den Kaltzeiten, ihr Gefälle wegen des höher liegenden Meeresspiegels geringer und die Sedimentfracht wegen der geänderten Verwitterungsbedingungen insgesamt feinkörniger. Es bildeten sich daher eher mäandrierende Flussverläufe. Auch der Rhein begann im Holozän wieder zu mäandrieren.

Das Holozän, das vor rund 11000 Jahren begann, ist die aktuelle Warmzeit, in der wir heute leben. Nach dem Ende der letzten Kaltzeit stiegen die Temperaturen schnell an. Allerdings war dies kein kontinuierlicher Prozess, denn im Verlauf des Holozäns gab es mildere und kühlere Abschnitte.

Mit dem Holozän begann auch die rasche Wiederbewaldung der mitteleuropäischen Landschaft. Die in Mitteleuropa heimischen Baumarten hatten sich während der Kältephasen des Quartärs jeweils in wärmere Regionen weiter südlich zurückgezogen. Nach Ende der Kaltzeiten wanderten sie von dort aus wieder ein. So dauerte es nicht lange, bis auch der Raum Goch zunächst von lichten, dann zunehmend von dichteren Wäldern bedeckt war. Schließlich war es der Mensch, der Wälder rodete, Ackerbau betrieb und die Landschaft vollständig nach seinen Bedürfnissen umgestaltete.

Der Rhein, der in der letzten Kaltzeit mit seinen zahlreichen Armen große Teile der Niederrheinischen Bucht eingenommen hatte und dessen fluviatile Ablagerungen in Form der Niederterrasse im Stadtgebiet Goch großräumig zu finden sind, konzentrierte sich im Holozän auf nur eine Abflussrinne. Mit der Verlagerung des Rheins nach Osten konnte sich die Niers als wichtigster Fluss in der Landschaft des linken Niederrheins etablieren.

Quartär

- starke Klimaschwankungen mit Kalt- und Warmzeiten prägen das Quartär
- in den Kaltzeiten liegt Goch ein einer Kältesteppe, in der starke Winde herrschen, die große Mengen an Sediment verfrachten
- das skandinavische Inlandeis erreicht in der Saale-Kaltzeit den Niederrhein und stoppt erst wenige Kilometer östlich von Goch
- typische Hinterlassenschaften der Kaltzeiten sind in Goch die Flussterrassen von Rhein und Maas mit ihrer sandig-kiesigen Zusammensetzung
- in den Warmzeiten, in denen ähnliche Klimabedingungen wie heute herrschen, breiten sich Wälder aus und bedecken auch das Stadtgebiet Goch
- vor rund 11000 Jahren beginnt mit dem Holozän die aktuelle Warmzeit, in deren Verlauf der Mensch zunehmend in die Natur eingreift und sie verändert

Das geänderte Klima nach dem Ende der letzten Kaltzeit führte dazu, dass die Fließgewässer begannen zu mäandrieren und sich in den Untergrund einzutiefen, wobei die kaltzeitlichen Terrassenflächen zerschnitten wurden. Von den Flüssen und Bächen im Holozän abgesetzte Auensedimente können tonig, lehmig oder sandig sein und nehmen die heutige Talaue ein.

Einen Blick auf die Niersebene am östlichen Stadtrand von Goch zeigt Abb. 13. Hierbei handelt es sich um Ablagerungen der kiesig-sandigen Niederterrasse, die das Rhein-Maas-Stromsystem in der Weichsel-Kaltzeit aufschotterte. Ihre Mächtigkeit beträgt hier rund 7 m. Überlagert wird sie von sandigen Hochflutabsätzen.

Abb. 13: Die Niersebene bei Goch

Abb. 14 zeigt einen Blick auf die Gocher Heide östlich von Pfalzdorf. Hier liegen saalezeitliche Schmelzwassersedimente, die Gletscherflüsse vor der Gletscherfront ablagerten, als diese östlich von Uedem zum Halten kam. Überlagert werden die Sande und Kiese vom Löss der Weichsel-Kaltzeit. Aus Löss entstehen sehr fruchtbare Böden, die heute intensiv landwirtschaftlich genutzt werden.

Abb. 14: Gocher Heide bei Pfalzdorf

3. Tektonik

Ursprünglich wurden die verschiedenen Sedimente, die den Untergrund im Stadtgebiet Goch aufbauen, in horizontaler und ungestörter Weise abgelagert. Ihre heutigen Lagerungsverhältnisse entstanden in der Folgezeit, als sie tektonischen Beanspruchungen ausgesetzt waren.

Tektonisch kann man den Untergrund des Niederrheins in die zwei großen Einheiten des Grundgebirges und des überlagernden Deckgebirges gliedern. Das Grundgebirge als Basis wird aufgebaut aus Gesteinsschichten, die im Zuge der Variszischen Gebirgsbildung gefaltet, herausgehoben und in der Folgezeit durch Verwitterungs- und Abtragungsprozesse zu einer Rumpffläche eingeebnet wurden. Das Grundgebirge besteht in seinem obersten Stockwerk und damit an seiner Kontaktfläche zum Deckgebirge aus Gesteinen des Karbons.

Über dem eingeebneten Rumpf des Grundgebirges liegen die Schichten des Deckgebirges. Sie stammen aus der postvariszischen Ära und umfassen den Zeitraum ab dem Perm bis zur Gegenwart. Kennzeichnend für das Deckgebirge ist, dass seine Schichten weitgehend horizontal lagern, weil sie von keiner großen Gebirgsbildung erfasst wurden. Allerdings haben tektonische Spannungen, wie sie beispielsweise als Fernwirkung bei der Entstehung der Alpen aufgetreten sind, das Deckgebirge in Form von Bruchtektonik und leichten Schichtverbiegungen erfasst.

Die Karbon-Schichten wurden bald nach ihrer Ablagerung durch die Variszische Gebirgsbildung in Falten gelegt. Dies ist das Resultat einer räumlichen Einengung, wie sie typisch für Gebirgsbildungen ist, bei der Kontinentalplatten miteinander kollidieren. Die Schichten des Variszischen Gebirges zeigen einen Südwest-Nordost streichenden Faltenbau, der am Niederrhein allmählich ausklingt. Die aus dem Ruhrgebiet bekannte intensive Faltung des Karbons ist daher im Raum Goch nicht mehr anzutreffen.

Die Karbon-Oberfläche als eingeebnete Grenzfläche des Grundgebirges stellt heute eine leicht nach Nordwesten abtauchende und somit in immer größere Tiefe absinkende Ebene dar. Während das Karbon am Südrand des Ruhrgebietes bis zur Oberfläche reicht, liegt es unter der Gocher Innenstadt in mehr als 1000 m Tiefe.

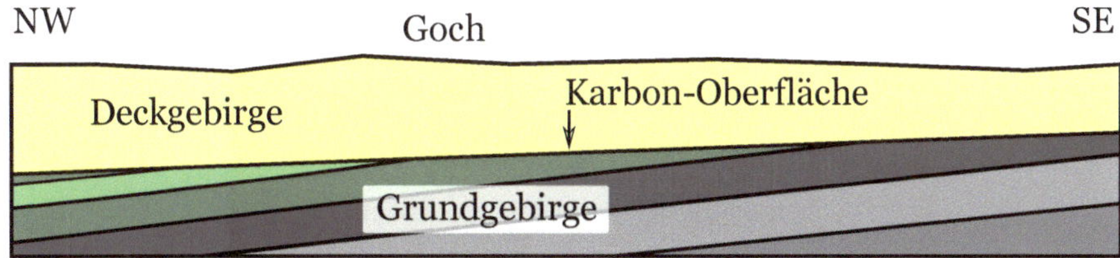

Abb. 15: Absinkende Karbon-Oberfläche unter Deckgebirge (schematisch, unmaßstäblich)

Zudem ist die Karbon-Oberfläche eine erosive Schnittfläche, die die schräg einfallenden Karbon-Schichten kappt. Die Folge ist, dass damit nach Nordwesten hin immer jüngere Schichten an der Karbon-Oberfläche ausstreichen (Abb. 15). Im Untergrund von Goch sind dies Schichten der Bochum- und Essen-Formation. Sie gehören in die Westfal-Stufe des Oberkarbons und sind reich an Kohlenflözen, die im nahen Ruhrgebiet intensiv abgebaut wurden.

Neben der variszisch angelegten Faltung, die im Raum Goch bereits ausklingt, ist das Grundgebirge von bruchhaften Querstörungen durchsetzt. Zahlreiche, parallel verlaufende Nordwest-Südost streichende Abschiebungen gliedern das Karbon in Gräben und Horste. Nach ihrer Anlage, die noch in die ausgehende Zeit der Variszischen Gebirgsbildung fällt, wurden diese Störungszonen mehrfach überprägt und reaktiviert.

Dabei kam es während der Oberkreide auch zu Rücküberschiebungen, bei der vormalige Abschiebungen nun durch tektonische Einengungsvorgänge in Aufschiebungen umgewandelt wurden. Die Bewegungsrichtung an den Störungsbahnen kehrte sich also um. Die postvariszische Tektonik hat auch die Schichten des Deckgebirges erfasst.

Eine grundlegend neue tektonische Prägung erhielt der Niederrhein ab dem Tertiär. Diese Veränderungen standen im Zusammenhang mit einer großen, vom Mittelmeerraum bis in die Nordsee reichenden Grabenbildung, deren Verlauf auch die Region des heutigen Niederrheins querte.

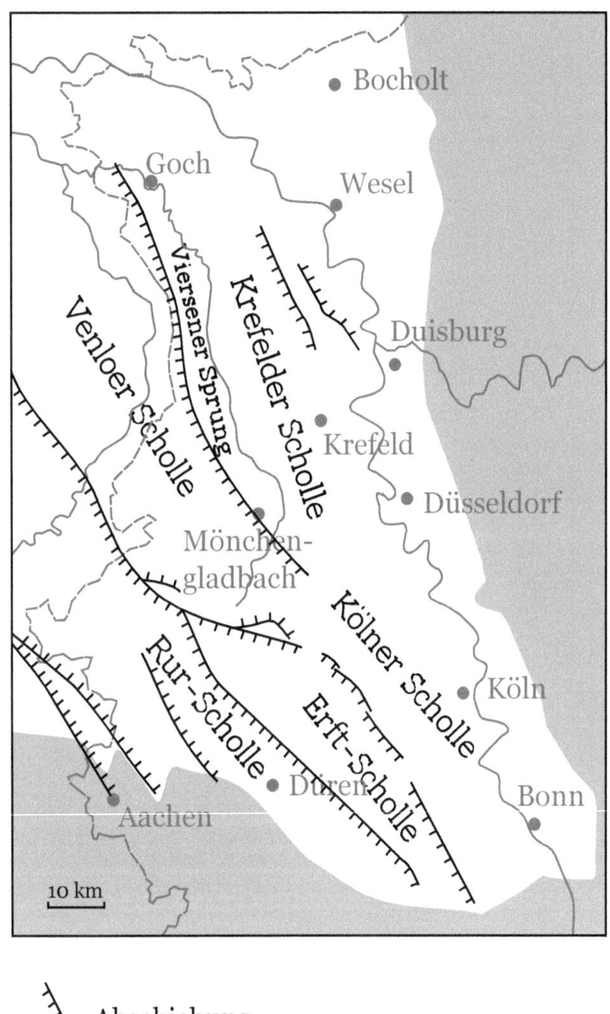

Abb. 16: Tektonik der Niederrheinischen Bucht
(stark vereinfacht)

Ab dem Oligozän machten sich bruchhafte Bewegungen infolge dieses neuen tektonischen Spannungssystems bemerkbar. Dabei begannen sich allmählich die Konturen der Niederrheinischen Bucht gegen die Mittelgebirgslandschaften im Osten, Westen und Süden abzuzeichnen.

Der Niederrhein wurde ein Senkungsgebiet, in das die Nordsee in der Folgezeit mehrfach vordringen konnte. Die tektonischen Spannungen führten im Untergrund der sich entwickelnden Niederrheinischen Bucht zu einem Mosaik aus mehreren, nach Nordosten gekippten Bruchschollen, die durch Nordwest-Südost verlaufende Verwerfungen begrenzt werden (Abb. 16).

Das Stadtgebiet Goch liegt genau im Grenzbereich zweier Bruchschollen. Hier grenzt die Venloer Scholle am Viersener Sprung gegen die nordöstlich von ihr positionierte Krefelder Scholle. Am Viersener Sprung, der einer schon im Oberkarbon angelegten Bruchlinie folgt, hat sich ein komplexes System aus meist parallelen, etwa Nordwest-Südost verlaufenden Störungen entwickelt (Abb. 17). Es treten auch Abspaltungen von Nebenstörungen mit abweichendem Verlauf auf. Beiderseits der tektonischen Bruchlinien weisen viele Schichten Versatz und Mächtigkeitsunterschiede auf. Letzteres zeigt an, dass die Störungen zur Ablagerungszeit dieser Sedimente bereits wirksam waren.

Das tektonische Spannungsmuster dauert im Quartär weiterhin an. So kommt es am Niederrhein auch in der Gegenwart noch zu tektonischen Bewegungen, die gelegentlich Auslöser von Erdbeben sein können.

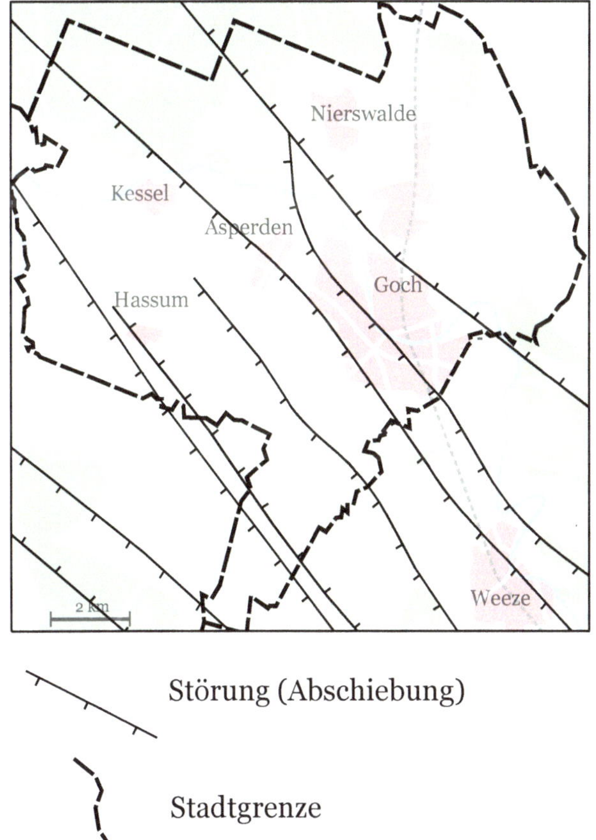

Abb. 17: Tektonische Strukturen im Untergrund von Goch

22

4. Aktuelle Geologie von Goch

Die in Kapitel 2 geschilderte wechselvolle geologische Entwicklung führte über lange Zeiträume zur Entstehung einer Abfolge von Sedimenten, die die jeweiligen, höchst unterschiedlichen Umwelt- und Ablagerungsbedingungen während der erdgeschichtlichen Vergangenheit widerspiegeln. Da Goch in einem jungen Senkungsgebiet liegt, sind diese Schichten heute allerdings im Untergrund verborgen. An der Geländeoberfläche finden sich nur sehr junge Ablagerungen aus dem Quartär. Abb. 15 zeigt beispielhaft in einem Profil die typische Übereinanderstapelung fluviatiler Sedimente, die in unterschiedlichen Kaltzeiten des Quartärs entstanden. Warmzeitliche Ablagerungen sind dagegen sehr selten anzutreffen.

Der Blick auf die geologische Karte in Abb. 18 zeigt, dass das komplette Stadtgebiet Goch von quartärzeitlichen Sedimenten eingenommen wird. Hauptsächlich handelt es sich an der Oberfläche um fluviatile und äolische Ablagerungen der letzten Kaltzeit. Nur in der Talaue der Niers und im Bereich kleinerer Bäche (auf der Karte nicht dargestellt) finden sich nennenswerte Sedimente aus dem Holozän.

Im Norden und Nordosten reichen sandig-kiesige Sanderablagerungen in das Stadtgebiet, die als große Schwemmkegel vor den vom Eis aufgestauten Endmoränen der Saale-Kaltzeit entstanden. Die Endmoränen, die die maximale Ausbreitungsgrenze des saalezeitlichen Inlandeises am Niederrhein markieren, liegen etwas östlich von Goch im hügeligen Gelände des Uedemer Hochwaldes und des Tüschenwaldes. Die an der Gletscherfront ausgetretenen Schmelzwasserbäche lagerten im Vorland ihre mitgeführte Fracht in kegelartigen Sedimentkörpern ab, die sich allmählich seitlich überlappten und somit zu einer einzigen Sanderfläche zusammenwuchsen.

Die saalezeitlichen Sanderablagerungen stehen nicht unmittelbar an der Geländeoberfläche an. Sie werden großräumig überdeckt von einer dünnen Lage äolischer Sedimente in Form von Löss, Sandlöss und Flugsand. Löss, der überwiegend als Hinterlassenschaft aus dem Hochglazial der Weichsel-Kaltzeit stammt, bedeckt dabei den größten Teil der Sanderfläche. Durch Verwitterungsprozesse ist der ursprünglich karbonathaltige Löss heute jedoch zu karbonatfreiem Lösslehm verwittert. Die kleineren Bereiche mit Sandlöss, der eine Übergangsform zwischen Löss und Flugsand darstellt, sind auf der geologischen Karte mit dem Lössvorkommen zusammengefasst.

Flugsand, der überwiegend im Spätglazial der Weichsel-Kaltzeit aufgeweht wurde, nimmt dagegen nur einen schmalen Streifen ein, der sich nördlich der Niers quer durch das Stadtgebiet zieht. Westlich von Kessel gibt es zudem kleinere isolierte Flugsandvorkommen in Form von Dünenaufwehungen, die der Niederterrasse aufsitzen. Im Südwesten des in Abb. 18 dargestellten Kartenausschnitts sind auf niederländischer Seite weitere Dünen erkennbar. Sie gehören zu den größeren Dünenfeldern, die die Maas begleiten.

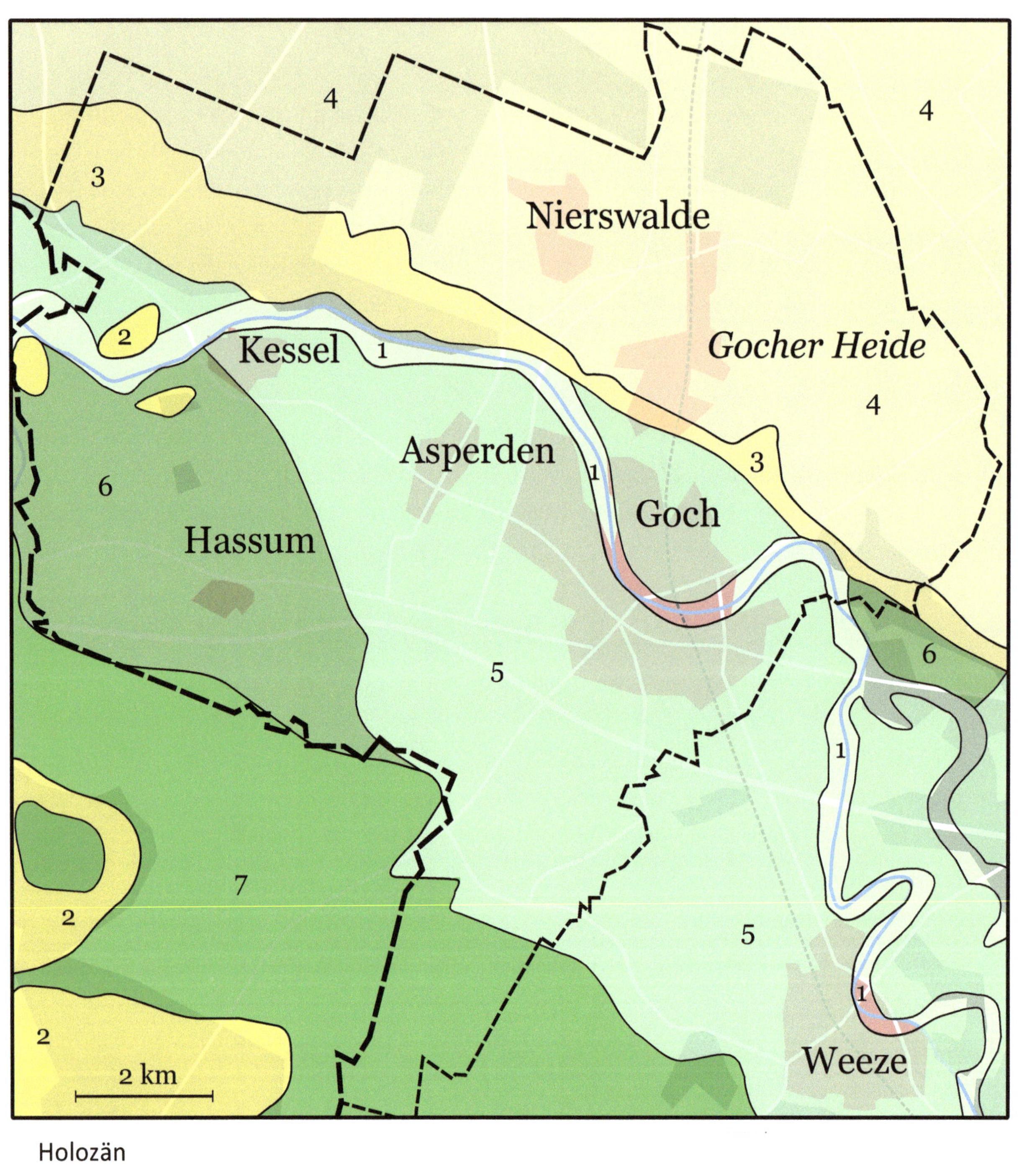

Holozän

(1)   Auenablagerungen

Pleistozän

(2)   Dünen

(3)   Flugsand

(4)   Löss, z.T. Sandlöss

(5)   Jüngere Niederterrasse mit Hochflutlehm und Hochflutsand bedeckt

(6)   Ältere Niederterrasse mit überwiegend sandigen Deckschichten

(7)   Ältere Niederterrasse

Abb. 18: Geologische Karte von Goch

Weite Flächen des Gocher Stadtgebietes nehmen heute Sedimente der Niederterrasse ein, die während der Weichsel-Kaltzeit aufgeschottert wurde. Die Niederterrasse im Raum Goch ist eine Ablagerung der Flüsse Rhein und Maas, die im kaltzeitlichen Klima weit ausladende Stromsysteme mit zahlreichen, sich häufig verlagernden Rinnen ausbildeten und damit die weite Ebene schufen, die das aktuelle Landschaftsbild in großen Teilen des Gocher Stadtgebietes prägt und die heute von der Niers durchflossen wird. Die Sedimente der Niederterrasse bestehen überwiegend aus kiesigem Mittel- bis Feinsand.

Man kann zwei Terrassenkörper unterscheiden, wobei sich die Jüngere Niederterrasse erosiv in Ablagerungen der Älteren Niederterrasse eingetieft hat. Nach Aufschotterung der Älteren Niederterrasse gab es gegen Ende des Spätglazials eine Phase starker Tiefenerosion. Nachdem sich der Fluss tief in seinen eigenen Terrassenkörper eingeschnitten hatte, setzte erneut eine Aufschotterungsphase ein, in der dann die Jüngere Niederterrassse entstand. Zu dieser Zeit hatte sich der Hauptabfluss weiter nach Osten verlagert. Im Raum Goch floß nur noch ein Seitenarm des Rheins. In der Regel stehen beide Terrassen nicht unmittelbar an der Oberfläche an, sondern werden von Hochflutablagerungen des Spätglazials oder einer dünnen Lage aus Flugsand überdeckt.

Die geologische Karte in Abb. 18 ist stark generalisiert. Sie zeigt ein vereinfachtes Bild der tatsächlichen Verhältnisse im Stadtgebiet Goch. So könnte man im Verbreitungsgebiet der Niederterrasse hinsichtlich der Überdeckung mit Hochflutsedimenten noch weiter differenzieren in Flächen mit eher sandiger und solche mit eher schluffiger Auflage. Typisch für die Ausprägung der Hochflutablagerungen ist, dass sie kleinräumig wechseln, was mit der Dynamik von Hochflutereignissen zu tun hat. Je nach Entfernung vom regulären Flussbett und der vorhandenen Geländetopographie führen Überschwemmungen zu unterschiedlichen Wassertiefen und Strömungsgeschwindigkeiten auf den betroffenen Überflutungsflächen. Dies bedingt schließlich bei nachlassender Fließgeschwindigkeit den Absatz von Sedimenten unterschiedlicher Korngrößen.

Abb. 18 gibt diesen kleinräumigen Wechsel der Hochflutablagerungen nicht wieder, da Niederterrasse und Hochflutauflage in der geologischen Karte als grün dargestellte Flächen zusammengefasst sind und in der Karte das Augenmerk auf die Verbreitung der Niederterrasse gerichtet ist.

Holozäne Ablagerungen sind weitgehend auf den Bereich der Niers und einiger Bäche beschränkt. Unter den wieder warmzeitlichen Bedingungen schnitten sich die Fließgewässer zu Beginn des Holozäns in den Terrassenkörper der Niederterrasse ein und begannen zu mäandrieren. So zeigt auch die Niers im Gocher Stadtgebiet einige deutliche Mäanderschleifen. Die Talauen füllten sich mit Sedimenten, die je nach Ausprägung als Auensand oder Auenlehm bezeichnet werden. Der gleichmäßig über das Jahr verteilte Abfluss und die verringerte Strömungsgeschwindigkeit führten stellenweise zur Bildung von Niedermooren. Diese sind in Abb. 18 wegen ihrer geringen Ausdehnung nicht dargestellt.

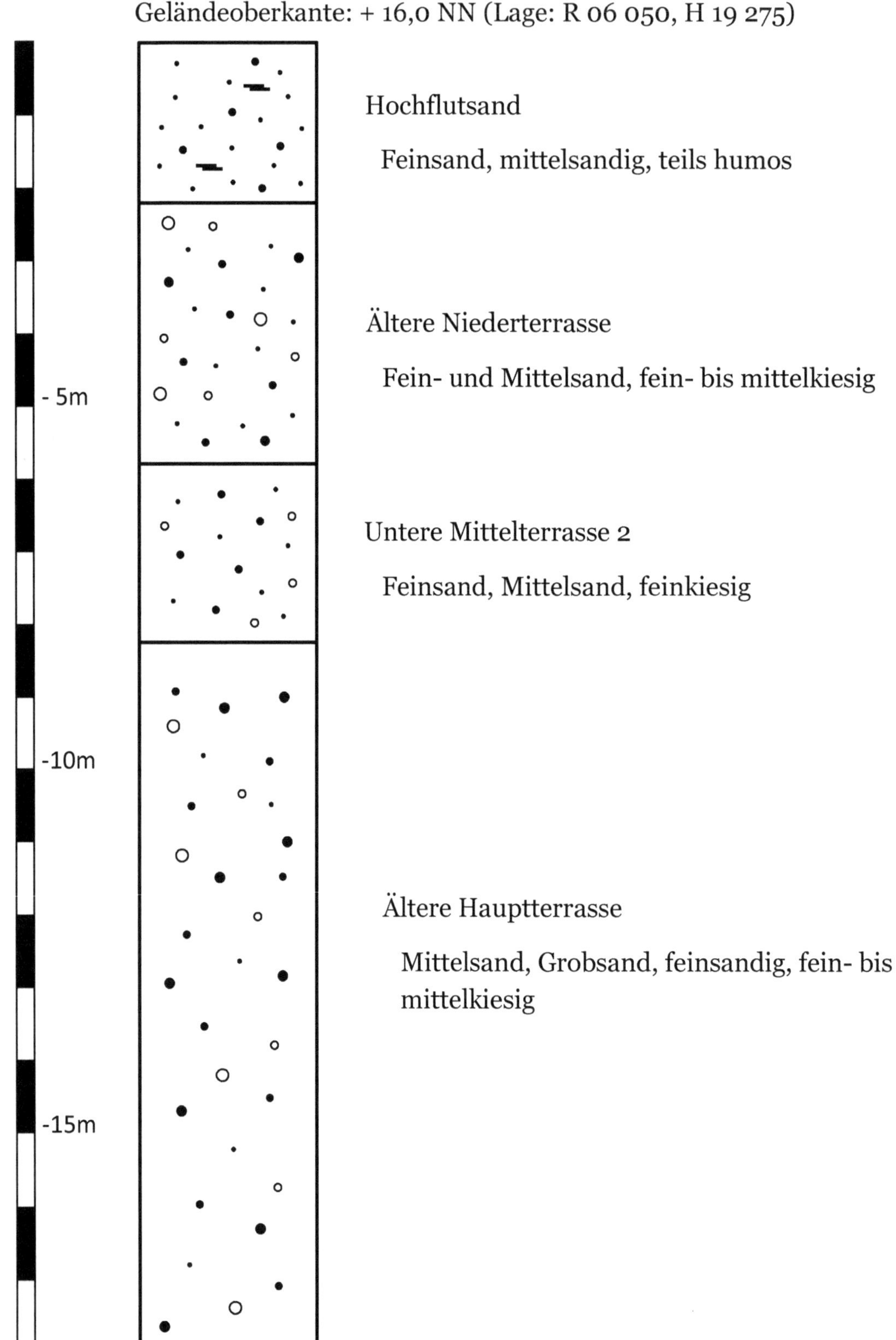

Abb. 19: Bohrprofil, stark vereinfacht, zeigt beispielhaft eine typische Abfolge fluviatiler Sedimente, wie sie im Süd-Zipfel des Stadtgebietes auftreten; Daten stammen aus einer Bohrung auf niederländischer Seite, knapp außerhalb des Gocher Stadtgebietes

Anhang

A. Tabellen

Ärathem	System	Serie	Zeit *
Känozoikum	Quartär	Holozän Pleistozän	2,5
Känozoikum	Tertiär	Pliozän Miozän Oligozän Eozän Paleozän	65
Mesozoikum	Kreide	Unterkreide Oberkreide	142
Mesozoikum	Jura	Malm Dogger Lias	200
Mesozoikum	Trias	Keuper Muschelkalk Buntsandstein	251
Paläozoikum	Perm	Rotliegend(es) Zechstein	296
Paläozoikum	Karbon	Oberkarbon Unterkarbon	358
Paläozoikum	Devon	Oberdevon Mitteldevon Unterdevon	417,5
Paläozoikum	Silur	Gliederung hier nicht aufgeführt	443
Paläozoikum	Ordovizium	Gliederung hier nicht aufgeführt	485
Paläozoikum	Kambrium	Gliederung hier nicht aufgeführt	545

* mio Jahre vor heute

Tab. I: Geologische Zeitskala

Serien der Tertiärs	Schichtenfolge
Pliozän	Oosterhout-Formation / Afferden-Subformation
Miozän	Uedem-Subformation Dingen-Subformation / Bislich-Subformation Hoerstgen-Subformation
Oligozän	Grafenberg-Formation Lintorf-Subformation Ratingen-Subformation Walsum-Subformation
Eozän	
Paleozän	Landen-Formation Hückelhoven-Schichten Houthem-Schichten

Schluff, Sand, marin

Kalk- und Tonstein, marin

Ton, Schluff, marin

Sand, Kies, fluviatil

Schichtlücke

Tab. II: Tertiärzeitliche Schichtenfolge im Raum Goch

Gliederung des Pleistozäns		Schichtenfolge	
Oberpleistozän	Weichsel-Kaltzeit	Hochflutsedimente	äolische Sedimente
		Jüngere Niederterrasse	
		Ältere Niederterrasse	
	Eem-Warmzeit		
Mittelpleistozän	Saale-Kaltzeit	äolische Sedimente	
		Untere Mittelterrasse 3	
		Untere Mittelterrasse 2	Sander-bildung
	Holstein-Warmzeit		
	Elster-Kaltzeit	Obere Mittelterrasse 1 und 2	
Unterpleistozän	ältere Kalt- und Warmzeiten	Jüngere Hauptterrasse	
		Ältere Hauptterrasse	

Windablagerungen   Hochflutablagerungen

Terrassensedimente   Schmelzwasserablagerungen

Schichtlücke

Tab. III: Pleistozäne Schichtenfolge im Raum Goch

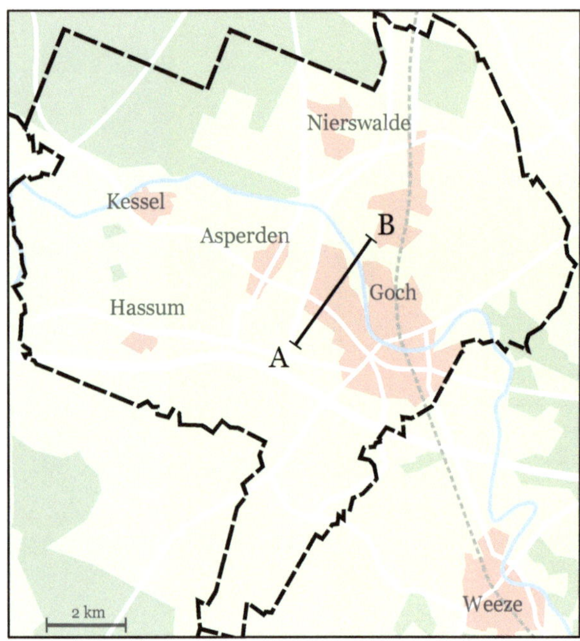

Abb. I: Lage des Profilschnitts aus Abb. II

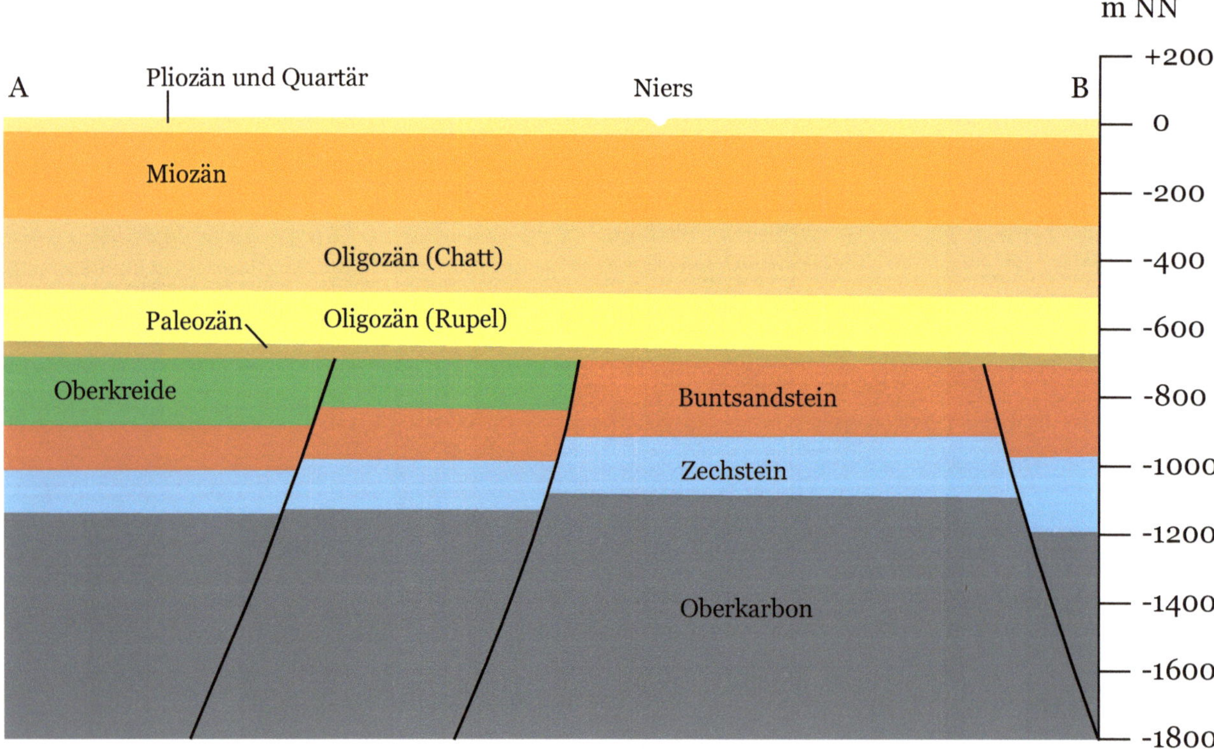

Abb. II: Profilschnitt

B. Glossar

Abschiebungen: Abschiebungen sind das Ergebnis von Bruchtektonik. An einer Verwerfung wird infolge von Dehnungsbewegungen der Erdkruste eine Gesteinsscholle relativ zur anderen nach unten bewegt.

Skizze einer Abschiebung

Anhydrit: Anhydrit ist ein weißliches bis durchsichtiges Mineral, das bei der Eindampfung von Meereswasser ausfällt. Chemisch handelt es sich um Calciumsulfat. Kommt Anhydrit längere Zeit mit Wasser in Kontakt, wandelt sich das Mineral unter großer Volumen-zunahme in Gips um.

äolisch: Der Sedimenttransport durch den Wind wird als äolisch bezeichnet. Er kommt in Landschaften vor, in denen keine geschlossene Pflanzendecke vorhanden ist, so dass der Wind bei Trockenheit in der Lage ist, lockeres Sediment aufzunehmen und zu transportieren. Löss und Flugsand sind typische äolische Sedimente. Insbesondere im trockenen, kalten Klima der pleistozänen Kaltzeiten wurden große Mengen äolischer Sedimente abgesetzt.

Bruchtektonik: Einengende oder dehnende Bewegungen im Bereich der Erdkruste können zu Brüchen im Gesteinsverband führen. Dies wird als Bruchtektonik bezeichnet. Dabei bewegen sich die Gesteinsschollen entlang von Verwerfungsflächen gegeneinander.

Bruchscholle: Eine Bruchscholle ist eine durch steile Verwerfungen begrenzte Gesteinseinheit. Oftmals treten ganze Schollenmosaike auf, bei denen die einzelnen Schollen unterschiedlich gehoben, abgesenkt oder gegeneinander gekippt wurden.

Diagenese: Unter Diagenese fasst man die physikalischen und chemischen Umwandlungsprozesse zusammen, die ein Sedimentgestein nach seiner Ablagerung erfährt und die zu seiner Verfestigung führen. Diagenetische Vorgänge laufen in Oberflächennähe bei niedrigen Temperatur- und Druckverhältnissen ab. Steigen Temperatur und Druck bei Versenkung des Gesteins in größere Tiefe an, dann beginnt die Metamorphose.

Dolomit: Bei Dolomit handelt es sich um ein Calcium-Magnesium-Karbonat, das eng mit Calcit verwandt ist. Dolomit entsteht entweder primär durch Ausfällung im Wasser oder sekundär durch Austausch eines Teils der Ca-Ionen durch Mg-Ionen im Kristallgerüst von Calcit-Mineralen. Ein Gestein, das überwiegend aus dem Mineral Dolomit besteht, wird ebenfalls Dolomit genannt.

Evaporite: Als Eindampfungsgesteine oder Evaporite bezeichnet man mineralische Ausfällungen aus dem Wasser, wenn dieses bei hohen Temperaturen verdunstet und eine Übersättigung der darin gelösten Minerale eintritt. Umgekehrt zur Reihenfolge ihrer Löslichkeit werden mit zunehmender Verdunstung zunächst Karbonate, Gips, Anhydrit, schließlich Steinsalz und am Ende Kalisalz ausgefällt.

Flugsand: Es handelt sich bei Flugsand um ein vom Wind transportiertes Lockersediment. In den Kaltzeiten, als die Oberfläche kaum durch Vegetation geschützt war, konnte der Wind große Mengen an trockenem Sand aufnehmen und verfrachten. Flugsand bedeckt heute als dünner Schleier große Gebiete. Flugsandaufwehung fand auch noch im Holozän statt und stand dort vor allem im Zusammenhang mit Aktivitäten des Menschen, wie beispielsweise der Rodung von Wäldern für den Ackerbau.

Glaukonit: Glaukonit gehört zu den Schichtsilikaten. Typisch ist die grünliche bis bläuliche Farbe des Minerals. Glaukonit bildet sich im Flachwasserbereich durch diagenetische Umwandlung aus anderen Schichtsilikaten. Sein Vorkommen im Gestein deutet daher auf einen küstennahen Bildungsort hin.

Glimmer: Als Glimmer wird eine Gruppe von Schichtsilikaten bezeichnet. Typisch ist ihre gute Spaltbarkeit. Sie gehören zu den am weitesten verbreiteten Mineralen. Die bekanntesten Vertreter der Glimmer-Gruppe sind Biotit und Muskovit.

Hauterive: Das Hauterive (auch Hauterivium) ist eine Stufe der Unterkreide. Es umfasst ungefähr den Zeitraum von 134 bis 130 Millionen Jahre vor heute.

Kaledonische Gebirgsbildung: Die Kaledonische Gebirgsbildung fand im Ordovizium und Silur statt. Die Landmassen Baltica, Laurentia und Avalonia kollidierten dabei unter Schließung der zwischen ihnen liegenden Ozeane. Es entstand ein Gebirge, das weite Teile Nordeuropas umfasste und sich über Grönland bis in den Osten Nordamerikas erstreckte.

klastische Sedimente: Klastische Sedimente bestehen aus dem Gesteinsmaterial anderer Gesteine, die insbesondere durch mechanische Verwitterung zerkleinert wurden. Nach Korngröße unterscheidet man Kies, Sand, Schluff und Ton.

Konglomerat: Ein Konglomerat ist ein Sedimentgestein, das zu mehr als der Hälfe aus gerundeten Gesteinskomponenten besteht. Diese Komponenten sind eingebettet in eine feinkörnige Grundmasse. Konglomerate zeigen eine hohe Transportkraft der sie ablagernden Flüsse an.

Löss: Löss ist ein vom Wind verfrachtetes gelbliches Lockersediment, das vor allem aus Schluff besteht. Dazu treten wechselnde Ton- und Sandanteile. Löss ist im unverwitterten Zustand kalkhaltig. Der in Mitteleuropa weit verbreitete Löss entstand in den quartärzeitlichen Kaltzeiten.

Mergel: Mergel ist ein Lockersediment, das aus fein verteiltem Calcit und Ton besteht. Auch Schluff und Sand können als Bestandteile auftreten. Je nach Mengenverhältnis der einzelnen Komponenten gibt es eine umfangreiche Klassifizierung. So unterscheidet man unter anderem Sandmergel, Tonmergel und Kalkmergel. Im verfestigten Zustand spricht man von Mergelstein.

Paläogeographie: Die Land-Meer-Verteilung in früheren Abschnitten der Erdgeschichte wird als Paläogeographie bezeichnet.

Periglazialklima: Das extrem kalte und trockene Klima im Vorfeld von dauerhaft vergletscherten Gebieten wird als Periglazialklima bezeichnet. Kennzeichnend ist ein Dauerfrostboden, der höchstens im Sommer oberflächennah auftaut.

Querstörung: Bei einer Querstörung handelt es sich um eine Störung oder Verwerfung, die etwa quer zum allgemeinen Schicht-Streichen angelegt wurde.

Sander: Ein Sander ist ein Schwemmkegel, der sich aus den kiesig-sandigen Ablagerungen von Schmelzwasserflüssen im Vorfeld von Gletschern bildet.

Stromatoporen: Als Stromatoporen wird eine Gruppe von koloniebildenden Bewohner warmer Flachmeere bezeichnet, die vor allem im Paläozoikum mit ihren Kalkskeletten neben den Korallen maßgeblich am Aufbau der Riffe beteiligt waren. Am Ende der Kreide starben die Stromatoporen aus.

Schluff: Schluff ist eine Korngrößenbezeichnung für Gesteinskomponenten, deren Größe von 0,002 mm bis 0,063 mm reicht. Schluff nimmt damit die Mittelstellung zwischen Ton und Sand ein. Eine alternative Bezeichung für Schluff ist Silt.

Serie: Eine Serie ist eine geologische Zeiteinheit unterhalb des Systems. Beispielsweise wird das System Devon in die Serien Unter-, Mittel- und Oberdevon geteilt. Eine Serie besteht wiederum aus mehreren Stufen.

Stufe: Eine Stufe ist die kleinste geologische Zeiteinheit für die Gliederung eines Gesteinskörpers, die im weltweiten Maßstab Verwendung findet. Eine Stufe umfasst normalerweise einen Zeitraum von einigen Hunderttausend bis hin zu mehreren Millionen Jahren.

Streichen: Als Streichen wird die projizierte Schnittlinie einer geneigten geologischen Fläche mit der Horizontalen bezeichnet. Ihre Lage im Raum wird angegeben als Winkel im Uhrzeigersinn von der Nordabweichung oder durch Angabe der Himmelsrichtung.

Terrasse: Flüssen verursachen neben Erosion auch Sedimentaufschüttungen. Damit entstehen Sedimentkörper, die als Terrassen oder Flussterrassen bezeichnet werden. Sie stellen

Verebungsflächen im Bereich von Tälern dar. Durch eine fortschreitende Eintiefung des Flusses können ineinander geschachtelte Terrassen entstehen und sich markante Geländekanten als Begrenzung der ebenen Terrassenflächen bilden.

Tethys: Als am Ende des Paläozoikums der Großkontinent Pangäa (alternative Schreibweise Pangaea) entstanden war, wurde dieser vom riesigen Panthalassa-Ozean umgeben. An der Ostseite Pangäas ragte ein Meeresarm in die neue Landmasse. Dieses Meer war die Tethys.

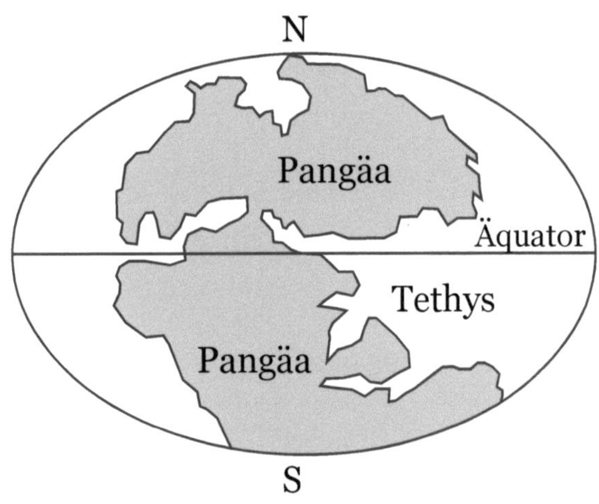

Kontinent-Meer-Verteilung in der Trias

Sie spielte in der Folgezeit eine besondere Rolle bei der Alpidischen Gebirgsbildung, da sich die Tethys mit dem Aufbrechen Pangäas immer weiter nach Westen ausbreitete. Durch die Alpidische Gebirgsbildung wurde die Tethys letztlich größtenteils verschluckt. Das heutige Mittelmeer stellt noch ein Überbleibsel der Tethys dar.

Variszische Gebirgsbildung: Bei der Variszischen Gebirgsbildung handelt es sich um eine Gebirgsbildungsphase im Paläozoikum, die ihren Höhepunkt am Ende des Karbons hatte. Durch Kollision von Laurussia mit Gondwana einschließlich einiger Kleinkontinente entstand der Großkontinent Pangäa. Das dabei aufgefaltete Gebirge durchzog Europa in einem weiten Bogen von den Britischen Inseln über Deutschland bis nach Polen. Gesteine, die während der Variszischen Gebirgsbildung abgelagert und gefaltet wurden, findet man beispielsweise im Harz und im Rheinischen Schiefergebirge.

Westfal-Stufe: Das Westfal (auch Westfalium) ist eine Stufe des Oberkarbons. Es umfasst ungefähr den Zeitraum von 316,5 bis 305 Millionen Jahre vor heute. Während des Westfals fand die Hauptphase der Variszischen Gebirgsbildung statt.

C. Literaturverzeichnis

AHORNER, L. (1962): Untersuchungen zur quartären Bruchtektonik der Niederrheinischen Bucht. - Eiszeitalter und Gegenwart, 13: 24-105; Öhringen

BOENIGK, W. (1978): Gliederung der altquartären Ablagerungen in der Niederrheinischen Bucht. - Fortschr. Geol. Rheinld. u. Westf., 28: 135-212; Krefeld

BRAUN, F.J. (1978): Zur H erkunft und Zusammensetzung des Sandlösses auf der Uedemer Sander-Hochfläche (Niederrhein). - Fortschr. Geol. Rheinld. u. Westf., 28: 335-343; Krefeld

BRUNNACKER, K. (1978): Neuere Ergebnisse über das Quartär am Mittel- und Niederrhein. - Fortschr. Geol. Rheinld. u. Westf., 28: 111-122; Krefeld

DROZDZEWSKI, G. & WREDE, V. (1994): Faltung und Bruchtektonik - Analyse der Tektonik im Subvariszikum. - Fortschr. Geol. Rheinld. u. Westf., 38: 7-187; Krefeld

EHLERS, J. (1994): Allgemeine und historische Quartärgeologie. - 358 S.; Stuttgart

EHLERS, J. (2011): Das Eiszeitalter. - 363 S.; Heidelberg

Geologischer Dienst Nordrhein-Westfalen [Hrsg] (2016): Geologie und Boden in Nordrhein-Westfalen. - 157 S.; Krefeld

Geologisches Landesamt Nordrhein-Westfalen [Hrsg] (1988): Geologie am Niederrhein. - 142 S.; Krefeld

Geologisches Landesamt Nordrhein-Westfalen [Hrsg] (1995): Geologie im Münsterland. - 195 S.; Krefeld

GRABERT, H. (1998): Abriß der Geologie von Nordrhein-Westfalen. - 351 S.; Stuttgart

HOYER, P. & TEICHMÜLLER, R. & WOLBURG, J. (1969): Die tektonische Entwicklung des Steinkohlengebirges im Münsterland und im Ruhrgebiet. - Z. dt. geol. Ges., 119: 549-552; Hannover

KLOSTERMANN, J. (1984): Erläuterungen zu Blatt 4403 Geldern. - 138 S.; Krefeld

KLOSTERMANN, J. (1992a): Das Quartär der Niederrheinischen Bucht. - 200 S.; Krefeld

KLOSTERMANN, J. (1992b): Erläuterungen zu Blatt 4303 Uedem. - 130 S.; Krefeld

KLOSTERMANN, J. (1997): Erläuterungen zu Blatt 4302 Goch. - 146 S.; Krefeld

KLOSTERMANN, J. & REHAGEN, H.-W. & WEFELS, U. (1988): Hinweise auf eine saalezeitliche Warmzeit am Niederrhein. - Eiszeitalter und Gegenwart, 38: 115-127; Hannover

KOENIGSWALD, W. VON & MEYER, W. [Hrsg] (1994): Erdgeschichte im Rheinland. Fossilien und Gesteine aus 400 Millionen Jahren. - 239 S.; München

MEENE, E.A. VAN DE & ZAGWIJN, W.H. (1978): Die Rheinläufe im deutsch-niederländischen Grenzgebiet seit der Saale-Kaltzeit. Überblick neuer geologischer und pollenanalytischer Untersuchungen. Fortschr. Geol. Rheinld. u. Westf., 28: 345-359; Krefeld

MESCHEDE, M. (2015): Geologie Deutschlands. - 249 S.; Berlin, Heidelberg

SCHMUDE, K. (1992): Zwei cromerzeitliche Artefakt-Fundplätze in der Jüngeren Hauptterrasse am Niederrhein. - Eiszeitalter und Gegenwart, 42: 1-24; Hannover

SIEBERTZ, H. (1982): Die Bedeutung des Feinheitsgrades als geomorphologische Auswertungsmethode. - Eiszeitalter und Gegenwart, 32: 81-91; Hannover

SIEBERTZ, H. (1984): Die Stellung der Stauchwälle von Kleve-Kranenburg im Rahmen der saalezeitlichen Gletschervorstöße am Niederrhein. - Eiszeitalter und Gegenwart, 34: 163-178; Hannover

SKUPIN, K. & ZANDSTRA, J.G. (2010): Gletscher der Saale-Kaltzeit am Niederrhein. - 117 S.; Krefeld

SPEETZEN, E. (1998): Findlinge in Nordrhein-Westfalen und angrenzenden Gebieten. - 172 S.; Krefeld

STEPHAN, S. (1993): Mikromorphologie und Genese von Böden auf den Niederterrassen des Niederrheingebietes und der Kölner Bucht. - Eiszeitalter und Gegenwart, 43: 67-86; Hannover

THOME, K.N. (1983): Gletschererosion und -akkumulation im Münsterland und angrenzenden Gebieten. - N. Jb. Geol. Paläont., 166: 197-246; Krefeld

WALTER, R. (2003): Erdgeschichte. - 325 S.; Berlin